U0154334

數位貨幣
商機與挑戰

黃仁德
夏靖詠 著

五南圖書出版公司 印行

序

　　貨幣爲何物？還眞是一個難以回答的問題。人們終其一生都在使用貨幣，但大部分的人對它的瞭解卻相當有限。人類的經濟活動從最早的以物易物開始，到使用貨幣進行交易，是經濟文明的一大進展。隨著人類經濟發展程度的提升，交易金額不斷擴大，作爲交易支付工具的貨幣也不斷地創新進化，從商品貨幣一路歷經紙幣、支票、塑膠貨幣、電子貨幣，到當今的數位貨幣，逐步朝向無現金社會邁進。

　　在網路資訊時代下，數位化成爲一種趨勢、潮流，貨幣也無法自絕於這種風潮，數位貨幣乃應運而生。在 2008 年比特幣的創始者中本聰發表《比特幣：一種對等式的電子現金系統》一文後，人們開始效仿並試圖創造出完美的加密貨幣，開啟了數位貨幣時代。目前市場上的數位貨幣可以分爲加密貨幣、穩定幣、及政府幣三大類型，它們主要是採用結合分散式帳本及智能合約的區塊鏈技術，具有無法竄改與加密安全的特性。加密貨幣與穩定幣雖名爲貨幣，但目前大多數的國家並不認定它們是一種作爲交易支付工具的貨幣，而是一種金融投資工具。除數位貨幣外，也有人使用與發行加密貨幣相同的區塊鏈技術發行非同質化代幣（NFT），成爲另一種新興熱門的金融商品。

　　隨著數位貨幣與非同質化代幣在金融市場的交易量不斷擴大，重要性不斷提升，帶來的商機愈來愈多，但伴隨而來的風險也愈來愈大。爲了維持經濟與金融的穩定，各國政府也紛紛研擬數位貨幣與非同質化代幣的監管措施。數位貨幣及其相關產品發展的時間並不長，其對金融市場乃至經濟的影響尚無法窺知全貌，對社會、經濟是否具有實際的價值，仍是見仁見智、爭論未決。但是，可以確定的是，數位貨幣與金融的發展是一不可逆的趨勢，吾人有必要予以認識、瞭解。有鑒於此，本書乃對涉及數位貨幣相關的議題作一探討，希望有助於讀者對數位貨幣的發展與影響有更深入的瞭解。

　　本書的出版，要感謝張元晨、姜樹翰兩位教授提供許多寶貴的意見。數位貨幣的發行技術與影響涉及層面廣泛、複雜，而筆者學識有限，疏誤、不周之處在所難免，敬祈各界先進與讀者諸君不吝指教，至所企盼。最後，謹以本書誌念歐陽勛、徐育珠兩位恩師的陶鑄之恩。

黃仁德、夏靖詠 謹識
2022 年 11 月

目錄

表次

圖次

第一章

導論

　　隨著各國經濟發展程度的提升，交易金額愈來愈大，交易支付工具不斷地進化演變，從商品貨幣（commodity money）到今日的數位貨幣（digital currency）。由於資訊科技的普及，塑膠貨幣成爲現代人重要的交易支付工具。自從 2008 年比特幣（Bitcoin，BTC）問世，開啟了數位貨幣的時代，數位貨幣的發展相當迅速，各種加密貨幣（cryptocurrency）、穩定幣（stablecoin）、及政府幣（central bank digital currency，CBDC）相繼出現，數位貨幣將是未來金融市場上的一種不可忽視的發展趨勢。[1]

　　數位貨幣的主要發行技術乃區塊鏈（blockchain）技術，這是一種結合去中心化（decentralize）、加密技術（encryption）、數位錢包（digital wallet）、分散式帳本（distributed ledger technology，DLT）、及智能合約（smart contract）的創新技術，具備難以竄改與加密安全的優點。但是，區塊鏈技術仍存在一些安全上的問題，例如，駭客攻擊（hackers' attack）、釣魚攻擊（phishing）、及 51% 攻擊（51% attack）等，[2] 要數位貨幣能夠普遍爲人們所接受，必須去除這些安全上的疑慮。隨著加密貨幣受到關注的程度愈來愈高，加密貨幣交易平台也愈來愈多。以前加密貨幣交易平台只能進行加密貨幣的交易，現在有許多加密貨幣交易平台發行與交易加密貨幣衍生性商品，並簡化加密貨幣交易的程序，使投資者能更便利地進行加密貨幣相關商品的交易。加密貨幣的價格會受到供需、成本、可以在交易平台交易的加密貨幣數量多寡、新加密貨幣的加入、監管、及世界政經事件等的影響。加密貨幣的價格波動劇烈，泡沫容易形成，也容易破滅，投資者不可不愼。

　　非同質化代幣（non-fungible token，NFT）是由加密貨幣發展而成的新興金融商品，受到許多投資者的關注。有人認爲非同質化代幣的應用廣泛，能夠提升各個產業的交易效率，具有正面價值；有人認爲非同質化代幣

1　經濟學上 currency 譯爲通貨，money 譯爲貨幣，通貨是構成貨幣最核心的部分。貨幣包含通貨，但通貨不等於貨幣，因此，digital currency 與 cryptocurrency 應分別譯爲數位通貨與加密通貨，但一般社會大眾都譯爲數位貨幣與加密貨幣，吾從眾。central bank digital currency 直譯爲中央銀行數位貨幣（通貨），意譯爲政府幣。

2　Phishing 一詞專指網路上的釣魚攻擊。

淪爲投機者炒作的工具，交易的目的只是爲了套利，價格偏離非同質化代幣應有的價值。不同非同質化代幣的價格波動受不同因素的影響，名人購買與加密貨幣市場普遍被認爲是重要的影響因素。由於名人的購買會提升投資者對非同質化代幣的信任，使其價格上升；加密貨幣市場的價格趨勢也會影響投資者對數位貨幣的信心，進而影響非同質化代幣的價格。

　　加密貨幣被視爲是一種投資的金融商品，在一定的財富下，加密貨幣會與股票、外匯、及債券存在替代關係，且加密貨幣市場的波動與股市、匯市、及債券市場的波動低度相關，因此有人認爲加密貨幣在金融市場中是一種避險工具。但是，加密貨幣的價格波動劇烈，若作爲避險工具會有交易的風險，因此價格穩定的穩定幣更適合成爲金融市場中的避險工具。加密貨幣是去中心化的金融商品，不需中介機構，透過智能合約就能完成交易。各國政府幣的發展也會影響銀行的運作，若政府幣的利率高於活期存款利率，將使銀行存款減少，進而降低銀行在金融市場中的地位。政府幣是一種數位法幣，其用以支付交易，所產生的交易紀錄將爲中央銀行所掌握，這存在侵犯個人隱私的疑慮。因此，各國在發行政府幣之前，均將如何同時保護個人隱私納入研議之中。

　　各國對加密貨幣的監管政策中，目前只有反洗錢（anti-money laundering，AML）與打擊資恐（countering the financing of terrorism，CFT）的法規較爲完備，這些法規內容強調加密貨幣交易平台需進行資訊揭露與設定交易金額的限制。但是，對於加密貨幣與穩定幣的技術問題與駭客攻擊尚未訂定因應的監管措施，民眾若因程式發生問題或駭客攻擊，仍然沒有可以尋求協助的管道。各國亦開始對加密貨幣與穩定幣的交易予以課稅，然而，各國的稅負有所不同。我國則是計畫根據加密貨幣的類型爲非證券型或證券型而課徵不同的租稅。

　　數位貨幣的發展快速，可以預期在未來它與人們經濟活動的關係將會愈加密切，對金融市場與經濟的衝擊將是鉅大且深遠的，但大部分的人對其瞭解仍然有限。有鑒於此，本書將對數位貨幣相關的議題進行深入的探討，希望能夠有助於吾人對數位貨幣的瞭解。本書內容共分爲七章。除第一章導論外，第二章探討貨幣的演變，從商品貨幣到數位貨幣時代的來臨。第三章介紹數位貨幣的發行與交易技術，內容包括去中心化、加密、數位錢包、分散式帳本、智能合約技術、挖礦（mining）與獲利方式、分叉（fork）、側鏈（sidechain）等與區塊鏈相關的技術與概念，區塊鏈的安全問題，及非區塊鏈技術。第四章介紹數位貨幣的交易與價值爭論，內容包括各種的加密貨幣交易平台與影響加密貨幣價格的因素。第五章介紹非同質化代幣，內容包括非同質化代幣的種類、交易平台、如何發行、及價格波動。第六章探討數位貨幣對金融市場、經濟、及社會的影響。第七章介紹各國對數位貨幣監管與租稅政策的現況。

第二章
貨幣的演變

　　遠在幾千年前，人們就知道可以透過把自己種植或捕獵到的物品與他人交換來取得自己缺少的物品，交易成為人類生活中的一環。在幾千年的歷史演變中，因為貨幣的出現而使人類的經濟活動加速推動發展。從以物易物到現代的數位貨幣，貨幣的種類經歷了不少的推陳出新，本章將介紹人類貨幣的變革。

第一節　貨幣的定義與功能　Ⓢ

　　貨幣為何物？大多數的人從小小年紀就開始使用貨幣，直到死亡，終其一生都與貨幣脫離不了關係，但大部分的人只知道使用貨幣卻不瞭解貨幣。在不同的年代，貨幣雖曾以不同的形式出現，但任何能夠作為貨幣的物品必須具備某些的特性與功能。

一、貨幣的定義

　　要對貨幣下一定義並不容易，不同領域的人會從不同的觀點來定義貨幣，但定義如果過於浮濫就如同沒有定義，所以學術上對於貨幣仍有一般普遍接受的定義。

（一）狹義的貨幣

　　經濟學上狹義的貨幣是由通貨（currency）及活期存款（demand deposits）所構成。通貨是指在市面上流通的紙幣（paper money）與硬幣（coin），通常是由中央銀行所發行，它是中央銀行的負債。[1] 活期存款是人們在商業銀行的存款，需要時可以隨時提領，它是商業銀行的負債。由於活期存款與通貨之間可以快速轉換，且活期存款也具有通貨大部分的功能，因此兩者同列於狹義的貨幣供給。

　　在台灣，狹義的貨幣（M_1）依照流通性分成 M_{1A} 及 M_{1B} 兩種。M_{1A} 是

1　紙幣為主幣，硬幣為輔幣，為方便交易找零之用。

流通性最高的貨幣，包含通貨淨額（指中央銀行發行的通貨總額扣除銀行庫存現金及中華郵政公司庫存現金）、支票存款（checking deposits）、及活期存款，而 M_{1B} 則是 M_{1A} 加上活期儲蓄存款（demand saving deposits）。

（二）廣義的貨幣

廣義的貨幣除了 M_1 之外，再加上近似貨幣（near money）或準貨幣（quasi money）。近似貨幣乃具有大部分狹義貨幣功能的金融資產，這些金融資產可以快速轉換成通貨或活期存款，故被稱作是近似或準貨幣。主要的準貨幣有定期存款（time deposit）、定期儲蓄存款、外匯存款（foreign currency deposit）、及流動性短期資產（liquid short term assets），[2] 這些金融資產具有高度的流動性，可以快速轉換為狹義的貨幣，故被納入貨幣的範圍。

在台灣，中央銀行將廣義的貨幣（M_2）定義為 M_{1B} 再加上定期存款、定期儲蓄存款、外匯存款、郵政儲金總額（包含劃撥儲金、存簿儲金、及定期儲金）、附買回交易（repurchase agreement）餘額、外國人持有的新台幣存款（包括活期及定期存款）、及貨幣市場共同基金。[3] 理論上，貨幣的定義可以繼續擴大，依序納入流動性較低的金融資產，而有 M_3、M_4，甚至 M_5。但是，定義太廣就如同沒有定義，故一般的經濟分析通常止於 M_2。

由於經濟與金融市場發展程度的不同，各國對於貨幣的定義不盡相同。金融商品推陳出新，金融監管制度時有變化，也會導致貨幣定義的改變。愈來愈多的金融商品具有高度的流動性，部分的準貨幣與 M_1 愈來愈相似，要精準地區分貨幣的定義也就更加困難。

二、幣材的特性

人類歷史上曾經出現許多不同形式的貨幣，隨著時間的推進，貨幣與人

2　流動性短期資產包括國庫券（treasury bills）、商業本票（commercial paper）、儲蓄債券（saving bonds）、及銀行承兌匯票（banker's acceptance）等高流動性金融資產。
3　附買回交易為賣方出售票券的同時，與買方約定未來買回該票券的交易。

類經濟活動的關係也愈來愈密切。理論上，任何爲人們普遍接受的物品均可作爲貨幣，因此貨幣可以定義爲一種爲人們普遍接受的交易支付工具，而要爲人們在交易中普遍接受之支付工具的物品，必須具備普遍接受性（general acceptability）、容易辨識、容易分割、及容易保存等特性。詳言之：

1. **普遍接受性**。任何物品成爲貨幣的首要條件爲一般民眾都認可其作爲交易的支付工具，也認同其價值。當大家在交易過程中均願意接受這種物品作爲支付工具時，它就可以成爲貨幣。

2. **容易辨識**。作爲貨幣要讓人們能夠容易地辨識眞幣及僞幣的差別，才不會影響交易行爲，也可以避免額外交易成本的產生。

3. **容易分割**。物品的價值大小不一，交易的金額有大有小，爲方便不同的交易金額，作爲貨幣的物品必須可以容易地分割成不同的價值單位，這樣同時也可以方便貨幣的攜帶。

4. **容易保存**。貨幣的使用應不受時間的限制，持有的貨幣可以立即使用，也可於未來使用，因此作爲貨幣的物品必須容易保存，不會輕易損壞或腐爛。

貨幣的演變與幣材有密切的關係，隨著科技的進步，可作爲貨幣的幣材也不斷的進化，貨幣也跟著產生變化。

三、貨幣的功能

人們爲何不以物易物而使用貨幣呢？因爲貨幣具有某些功能，而使人類的經濟活動更加方便有效率。詳言之，貨幣具有以下功能：

1. **交易的媒介**（medium of exchange）。在物物交換經濟（barter economy）下，買賣雙方必須慾望雙重一致（double coincidence of wants）才能達成交易，使得交易過程變得冗長困難。貨幣的使用雖使交易從直接變成間接，但它不再需要買賣雙方的慾望雙重一致，買方只要將貨幣換成物品，賣方只要將物品換成貨幣，以貨幣作爲交易媒介，交易即可順利完成。

2. **價值的標準**（standard of value）。由於在以物易物的交易模式下，一種物品對所有其他的物品均存在一種交換比率，交換比率過多，使物品的價值難以衡量，交易難以順利完成。貨幣的存在，使所有物品對它都只有一個交換比率，若市場上有 N 種物品，就只會有 N 個對貨幣的交換比率。交換比率簡化，能使交易更加順利進行。

3.**價值的儲存**（store of value）。物物交換經濟下，生產的物品難以儲存，生產規模因此受到限制。儲存不易發生，資本累積困難，使生產技術停滯不前，經濟難以成長。貨幣的使用，使得生產物品的價值保存變得容易，生產規模因此擴大，儲蓄、投資得以增加，而有利於經濟的成長。

4.**遞延支付的標準**（standard of deferred payments）。借貸行為撮合資金的供給（正儲蓄者）與需求（負儲蓄者），提高資金使用效率，而有利於經濟成長。在物物交換經濟下，債權與債務的量與質難以衡量，而使借貸行為難以發生。貨幣的使用讓借貸雙方可以相同的貨幣單位衡量，避免契約糾紛，有利於借貸行為的發生，而使投資增加、經濟成長。

理論上，任何物品具有以上的功能，均可作為貨幣使用，這些功能發揮愈好的物品，就是愈好的貨幣。

第二節　商品貨幣

貨幣的產生起源於交易的需求，從西元前幾千年以物易物的交易方式開始，人們有了交換物品的概念，用自己產出或擁有的物品與他人交換自己需要的物品，例如，拿著自己獵得的鹿皮交換別人家產出的玉米。這種交易方式在小型社會中可以運行且較為便利，因為物品項目不多，各項物品之間的兌換比率固定且數目少，人們能夠直接交易，不必再轉換成貨幣來進行買賣。但是，隨著人口逐漸增加，在市場上的物品種類愈來愈多，交換比率也隨之增加。[4]

4　每兩種物品之間都有一個交換比率，例如，一張鹿皮換五根玉米。假設市場上有三種商品：鹿皮、玉米、及蘋果，則鹿皮對玉米、鹿皮對蘋果、及玉米對蘋果之間各自有一個交換比率，總共就會有三個交換比率，若市場上出現 N 種物品，就會有 $\dfrac{N \cdot (N-1)}{2}$ 個交換比率。

　　此外，物品難以保存及攜帶也導致以物易物的交易模式無法長久。在農業社會時代，市場上多數的物品是農耕或畜牧的產物，這些物品容易腐壞，尤其是春夏季時更是難以保存，而容易保存的物品則會有攜帶不易的問題。例如，1隻牛需要用100斗米交換，那麼運送1隻牛或100斗米就會造成買賣雙方的不便。再者，物物交換也存在買賣雙方難以達成交易協議的問題。例如，賣玉米的人找不到要吃玉米的人；或賣蘋果的人只想買玉米，但賣玉米的人卻不想吃蘋果，均會使交易無法達成。

　　最後，商品無法或難以分割也導致以物易物式微。市場上大部分的物品在經過分割後就失去或減少其價值，例如，切一半的蘋果很少有人想要交換，且交換比率很難以非整數的數值訂定。由於上述缺點，人們開始研究能夠容易保存與攜帶、交換比率少、大家都願意接受且容易分割的物品作為貨幣，商品貨幣於是產生。[5]

　　由於以物易物存在許多缺點，人們開始找尋大家都願意接受的物品作為貨幣。貝幣可能是中國最早的貨幣。根據《據伯睘彝銘》記載，殷周開始使用貝幣，貝幣雖然具備容易保存與攜帶、交換比率少、及大家都願意接受的優點，但卻容易破碎、不易分割，仍然會造成人民交易的困擾。到了春秋時代，刀幣、布幣也開始被用於交易，在《管子》一書中提到，以珠、玉為上幣，以黃金為中幣，以刀、布為下幣。但以刀、布等物品作為貨幣，有體積、重量的問題，不易在市場流通。使用一般物品作為貨幣，往往存在不易儲存、不易分割、及不易攜帶等缺點，因而逐漸演變成貨幣史上使用最久遠的一種商品貨幣──金屬貨幣（彭信威，2015）。

　　最早發現的錢幣是在西元前六百年，位於小亞細亞（Asia Minor）一帶的呂底亞人（Lydian）利用金銀合金所製的金幣，到了希臘、羅馬時代則使用金、銀、及銅作為錢幣原料。到了十六世紀，由於航海技術的發達，西班牙於美洲發現大量黃金、白銀，使金幣與白銀鑄幣成為歐洲及美洲各國的主要貨幣（楊月蓀譯，1998）。在中國貨幣史上，最早出現的金屬貨幣可追溯

5　所謂商品貨幣乃是一種物品，既可作為商品買賣，也可作為貨幣使用。

至春秋戰國時期，各地開始出現各種銅鑄幣；金幣的出現也是在戰國時期，但卻在漢朝盛行，白銀鑄幣則是到了漢朝才開始發展。直到清朝，貨幣制度採行銀銅複本位制，以銀元與銅錢作為主要的貨幣，銀元的單位為兩，銅錢的單位為文，一兩銀可兌換一千文銅錢，若交易金額較大，通常會使用銀元進行交易，交易金額較小則用銅錢進行交易（彭信威，2015）。

金屬貨幣的出現雖然解決了部分非金屬商品貨幣的缺點，但作為交易媒介仍存在不易攜帶、價值減損等問題。由於金屬本身的特性，導致交易量大時，因金屬貨幣的重量與體積而難以支付。另有些國家因金屬資源的限制，政府會發行不同的金屬貨幣，進而產生成色較低的貨幣（劣幣）在市場上驅逐了成色較高的貨幣（良幣）——即所謂的劣幣驅逐良幣（bad money drives out good）的問題。[6] 因為這些缺點，政府開始研究輕便且不易偽造及磨損的貨幣，逐漸發展出了紙幣。

第三節　紙幣與硬幣

紙幣的出現無疑是人類貨幣史上的一大突破，方便交易的進行，也促進了經濟與金融的發展。從宋代開始出現了人類最早的紙幣，稱為交子（彭信威，2015）。歐洲則是在十七世紀的英國開始發行允諾票據（promissory notes），人們需要儲存黃金時，會將黃金交給金匠，金匠則會開立允諾票據，日後需要黃金時，再憑票據向金匠兌換，這種允諾票據被視為是信用貨幣（credit money）的濫觴，而後發展成由銀行發行固定面額的允諾票據，這種票據會印上承諾依照持票人的要求支付（promise to pay the bearer on

---

6　劣幣驅逐良幣又稱為格雷欣法則（Gresham's Law），於十六世紀由英國伊莉莎白一世時期財政大臣 Thomas Gresham 提出。Gresham 指出，當市場出現貴金屬含量較高及較低兩種貨幣時，民眾會保留含量較高者（良幣），並只在市場上使用含量低的貨幣（劣幣）進行交易，進而導致市場上出現劣幣大量流通，良幣卻很稀少的情況。事實上，當一個國家存在兩種不同的金屬貨幣時，只要兩種金屬貨幣的市場兌換比率不同於法定兌換比率時，就會產生劣幣驅逐良幣的現象。

demand）的字樣，加深了人們對票據的信心，從而促進信用貨幣的發展。[7]

演變至今，政府普遍發行通過法令保障的貨幣，稱爲法定貨幣（fiat money），[8]這種貨幣本身的內在價值（intrinsic value）不高，而是透過人民相信其購買力才具備價值。法定貨幣是由紙幣與硬幣所構成，這些貨幣都是由便宜的材料製成，面額（par value）大於發行成本（或幣材價值），[9]其價值都是源自於人們相信這些貨幣可以用以購買他（她）們所想要的任何物品，而當人們對法定貨幣失去信心（例如，物價膨脹發生），會使貨幣的價值下跌。

紙幣的發明雖然大大的改善了商品貨幣的缺點，使買賣更便利、市場交易更活絡，進而讓經濟成長更加快速。但是，隨著人類經濟成長，交易金額不斷擴大，紙幣作爲支付工具的缺點也就逐漸顯現出來，加上失竊、偽造的困擾，另一種更爲方便、更有效率的交易支付工具也就應運而生。

第四節　支票與活期存款

在紙幣逐漸取代金屬貨幣，成爲各國主要貨幣時，人們開始流行使用一種可以自由填寫金額的交易工具，稱爲支票（check）。早在十二世紀時，聖殿騎士團開始設立銀行系統，人們可以在一個據點存錢，由銀行人員開立收據，再拿著收據到另一個據點提款使用，這種收據被視爲是支票的前身。[10] 在中國，支票是由銀票演變而來，而銀票的雛型來自宋代的交子。交子的使用方式是將錢幣存放在交子鋪，鋪子老闆所開立的收據就是交子，商人之間可以使用交子作爲交易的支付工具，再持交子至交子鋪取錢。[11]

7　參閱陳子煒，〈紙幣與信用貨幣的出現〉，https://www.histsyn.com/2017/09/banknotes.html。
8　法定貨幣也就是通貨。
9　面額與發行成本的差額即所謂的鑄幣稅（seigniorage）。
10　參閱 Jessica Martinez，〈Who Invented Checks?〉，https://pocketsense.com/invented-checks-5828073.html。
11　參閱那時同唱鷓鴣詞，〈古代的定額支票——銀票，看它的前世今生和使用規則〉，https://ealou.com/history/261090.html。

目前使用支票需在銀行開立支票存款帳戶，而支票存款屬於銀行的活期存款，人們可以針對其活期存款開發支票作為交易的支付工具，使用上只要帳戶內存有足夠金額，就可以在市場上以支票進行交易，所以也可將支票視為面額較大或是可自訂面額的紙幣。由於支票與紙幣相似，支票也具備紙幣滿足所有貨幣定義與功能的優點，且因支票的面額可以自行填寫，相較於紙幣更輕便，所以當交易金額較大時，通常會使用支票取代現金（紙幣或硬幣）作為交易的支付工具。

支票的缺點也與紙幣相似，丟失或遭竊會造成支票持有人（受款人）的損失。針對這項缺點，法規及金融機構已有解決方法，在支票印上「禁止背書轉讓」（non-negotiable）的字樣，以確保該支票只能由支票上的受款人兌現，且受款人也不能轉讓該支票給他人。支票兌現時，銀行將確認付款人帳戶存款金額是否足夠，但支票通常有兌現緩衝期，即不需在簽立支票當下就要求付款人銀行帳戶內已經有足夠的存款。在西方國家，支票是一種相當普遍的交易支付工具，但在小額交易上，支票的使用仍然沒有現金（紙幣與硬幣）普遍。此外，支票的使用雖然使交易更方便、降低交易成本，但對整個社會及銀行體系而言，卻需要付出龐大人力與物力的支票清算成本。因此，人們繼續尋求更方便、更有效率的交易支付工具，隨著無紙化社會的提倡，以及資訊網路的發達，電子貨幣乃至數位貨幣，逐漸取代支票及紙幣。

第五節　塑膠貨幣與電子貨幣

約從 1970 年代開始，資訊科技的興起讓交易更便利且不受時間及空間的限制。電子貨幣（electronic money）乃是透過電子資訊系統進行清算的支付工具，[12] 民眾於交易時可以使用磁卡（晶片）、電腦、或手機，透過讀卡機或網路轉移款項。電子貨幣逐漸取代現金、支票，成為現代人主要的交易支付方式。提到最早的電子貨幣，就不得不提信用卡與金融卡，信用卡與

---

12 電子化乃使用電子資訊系統完成資訊儲存與傳遞的行為。

金融卡的產生，與資訊科技脫離不了關係，但在信用卡與金融卡的發展初期，它們的清算方式仍是人工處理，尚未使用電子資訊系統，這時的信用卡與金融卡不屬於電子貨幣。隨著資訊科技的進步，信用卡與金融卡開始使用電子資訊系統進行清算，成為電子貨幣的一種，也帶動電子貨幣的發展。

信用制度並非與信用卡同時形成，早在西元前的《漢摩拉比法典》（*Code of Hammurabi*）上就記載著信用制度（Nagarajan，2011）。1914年，西聯匯款公司（Western Union）發行了一張可以先消費後付款的金屬卡，到了1946年，紐約銀行家John Biggins推出了一套名為Charg-It的銀行卡系統，這個系統與現今的信用卡系統相似，為信用卡系統的前身。[13] 1950年，大來國際信用卡公司（Diners Club International）發行大來卡（Diners Card），自此開啟了塑膠貨幣支付的時代。[14] 塑膠貨幣的發行依照使用率，大致分為三種：信用卡、金融卡、及簽帳金融卡（debit card）。

（一）信用卡

信用卡可用來消費，也可用以融通資金，透過一張塑膠卡片就可以先消費後付款，在消費時，銀行帳戶內並不一定要有足夠的金額，就可以用信用卡支付購買物品。但是，若在繳款截止日時沒有全額繳清，信用卡公司也設定了循環信用利息制度，對於未繳清的金額需額外償還5%至15%利率的循環信用利息。

（二）金融卡

金融卡是透過連結到帳戶的方式進行交易。早期需要提款時，要到指定的銀行臨櫃提款，但透過金融卡卻可以不受銀行營業據點和時間的限制，隨時可以持用金融卡進行交易。隨著科技進步，發展出了利用自動櫃員機（automated teller machine，ATM）與電子資金移轉系統，透過磁條或IC晶

---

13 參閱Sienna Wrenn，〈The History of Credit Cards〉，https://www.thebalance.com/history-of-credit-cards-4766953。

14 由於信用卡大多是用塑膠卡片製成，故又被稱為塑膠貨幣。在貨幣定義上，塑膠貨幣不具備價值標準及價值儲藏的功能，故只屬於支付工具而非貨幣。

片連結網路，便可以隨時隨地辦理提款、存款、轉帳、跨國提領，甚至是外幣兌換等業務。使用金融卡時，帳戶必須存有足夠的金額才能交易，因此普及程度也就不如信用卡。

（三）簽帳金融卡

簽帳金融卡同時具備提款及消費的功能，在提款時與金融卡類似，可至自動櫃員機提款，而消費時則與信用卡相似，但與信用卡不同的是，使用時帳戶內必須存有足夠的金額才能完成交易，大部分簽帳金融卡在完成消費時需要簽章，但也有部分是透過輸入密碼的方式進行驗證。

除了以上三種塑膠貨幣外，儲值卡、轉帳卡等可用以支付交易的卡片都屬於塑膠貨幣，這些塑膠貨幣的便利性更勝於通貨及支票。民眾普遍不只擁有一張卡片，而是習慣申辦多張卡片用以各種交易之需，導致錢包經常被各種信用卡、金融卡塞滿的情況。

隨著網路資訊時代的來臨，塑膠貨幣的使用率也逐漸降低，取而代之的是一支手機或一部電腦透過網路便能夠完成支付的電子錢包（electronic wallet）與數位帳戶（digital account）。電子錢包乃手機上的交易支付應用程式，只需掃描電子錢包帳戶的條碼就可以完成交易，例如，LINE Pay 或是中國的支付寶都是電子錢包。[15] 數位帳戶是各家銀行的數位化帳戶，提供民眾透過電腦或手機執行部分銀行業務，例如，開戶與轉帳。電子錢包與數位帳戶提高交易效率，民眾不必隨身攜帶現金或信用卡就可以進行交易，也可以減少臨櫃的次數。但是，電子錢包與數位帳戶並非貨幣，而是交易支付的工具，民眾的電子錢包與數位帳戶內需要持有足夠的金額才能夠使用。

第六節　數位貨幣

在網路資訊時代，數位化（digitalize）是一種趨勢，應用愈來愈廣泛。

---

15 中國的電子支付系統除了是以掃描條碼的方式進行支付外，也可以在兩支手機皆是連線的狀態下，透過互相觸碰的方式完成支付。

數位化是將資訊（例如，文字、圖像、及影像等）轉換成數位代碼（0與1）的過程。數位貨幣乃是透過數位化所創造的貨幣，[16] 最初的發行目的是成為交易支付工具。但是，數位貨幣作為支付工具仍存在一些問題，因此目前數位貨幣在多數的國家仍被列為金融商品。

2008年11月1日，比特幣的創始者中本聰（Satoshi Nakamoto）在《去中心化商業評論》（*Decentralized Business Review*）發表〈比特幣：一種對等式的電子現金系統〉（Bitcoin: A Peer-to-Peer Electronic Cash System）一文，人們開始效仿並試圖創造出完美的加密貨幣，開啟了數位貨幣的時代。加密貨幣的產生除了供給面的技術突破之外，市場需求亦扮演重要的角色。加密貨幣發展之初並未受到社會大眾的關注，但由於加密貨幣具有高度的隱匿性，市場上有這方面的需求，加上投機者競相投入，導致加密貨幣市場不斷擴大。直至2021年底，全球已有近萬種的加密貨幣，每種加密貨幣都有些微不同，而目前交易金額最大的加密貨幣仍然是比特幣。[17]

中本聰的文章主要描述如何透過密碼學（cryptography）及分散式帳本技術創造出一個不需經過金融機構，使用對等（peer to peer，P2P）技術就可以完成交易的系統，[18] 也就是現今常聽到的「區塊鏈」。在比特幣的基礎上，民間及政府開始試圖將貨幣數位化，並嘗試使用不同技術消除對等技術的缺點，因而發展出不同種類的數位貨幣，目前在市場上已有或正在準備發行的數位貨幣，依據不同的發行目標及技術可分為加密貨幣、穩定幣、及政府幣三大類型。加密貨幣可分為以區塊鏈技術發行與非區塊鏈技術發行；穩定幣可分為法幣抵押型（fiat-collateralized）穩定幣、加密貨幣抵押型（crypto-collateralized）穩定幣、及演算法（algorithmic）穩定幣；政府幣可分為批發型（wholesale）與通用型〔又稱零售型（retail）〕兩種（圖2-1）。

---

16 數位貨幣亦是透過電子資訊系統進行交易，故數位貨幣也是一種電子貨幣。此外，數位貨幣的交易是在虛擬空間（網際網路）進行，因此也被認為是一種虛擬貨幣。

17 參閱 CoinMarketCap，https://coinmarketcap.com/zh-tw/。

18 對等技術也有人稱為對等連接或對等網路，是一種沒有中心伺服器，每位用戶都能夠即時地相互交換資訊，且每個人都能夠看到相同資訊的系統。

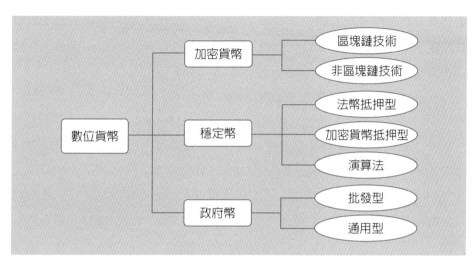

圖 2-1　數位貨幣的分類

一、加密貨幣

　　加密貨幣是利用區塊鏈或其他對等技術所創造出的數位貨幣，其特點是使用密碼學讓交易更安全。加密貨幣是在民間金融交易平台進行交易，不受政府機關的監管，存在監管的疑慮，大部分的國家並不承認加密貨幣為法定貨幣，但於 2021 年 9 月，薩爾瓦多將比特幣和美元共同定為法定貨幣，成為全球第一個承認比特幣具有法定貨幣地位的國家。[19] 2022 年，比特幣的價格大幅下跌，大眾普遍擔心薩爾瓦多的財政會出現狀況。雖然許多人對薩爾瓦多將比特幣作為法定貨幣的作法並不看好，但是薩爾瓦多政府認為比特幣的價格長期仍會上漲，依然規定比特幣為法定貨幣，並持續購買比特幣。[20]
至 2022 年 8 月，薩爾瓦多、委內瑞拉、中非共和國、及伊朗為四個將比特

19 參閱陳建鈞，〈薩爾瓦多正式將比特幣定為法幣、先購入 400 枚！但未來有哪些難題要解決？〉，https://www.bnext.com.tw/article/64925/bitcoin-el-salvador-。

20 參閱地球圖輯隊，〈比特幣大跌、薩爾瓦多尷尬了！總統的豪賭會害國家瀕臨破產嗎？〉，https://technews.tw/2022/07/17/el-salvadors-bitcoin-paradise-is-a-mirage/。

幣作爲交易支付工具的國家，[21] 其中前三者將比特幣視爲法幣的一種，可以作爲國內交易支付工具，但在伊朗，比特幣只能用於國際貿易，還無法在國內作爲支付工具。

　　目前大部分國家都將加密貨幣視爲一種投資的金融商品（而非可以作爲交易的支付工具），權威金融機構標準普爾（Standard & Poor's）與道瓊（Dow Jones）共同編製加密貨幣市場指數，稱之爲標準普爾加密貨幣廣泛數位市場指數（S&P Cryptocurrency Broad Digital Market Index，BDM）。BDM 指數是透過加權超過 240 種加密貨幣在各個加密貨幣交易平台的價格而成的價格指數。[22] 圖 2-2 爲 2019 年 7 月至 2022 年 7 月的 BDM 指數走勢，其顯示加密貨幣的價格不平穩，有相當的波動性。

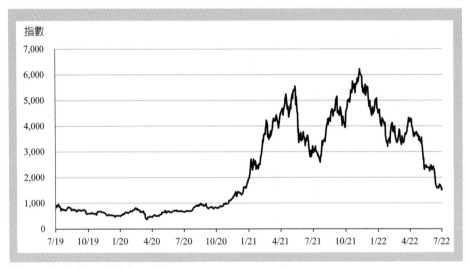

註：橫軸爲日期（月／年），以下均同。
資料來源：S&P and Dow Jones，S&P Cryptocurrency Broad Digital Market Index。

圖 2-2　標準普爾加密貨幣廣泛數位市場指數

21 參閱 Luc，〈伊朗政府首用 1,000 萬美元加密貨幣支付進口貨款，官員：9 月後擴大使用〉，
　　https://www.blocktempo.com/iran-pay-for-importment-with-crypto-first-time/。
22 參閱 Vincent Lai，〈S&P 再推 5 檔加密貨幣指數，BDM 追蹤高達 240 種加密貨幣〉，
　　https://www.blocktempo.com/sp-launched-cryptocurrency-broad-digital-market-index/。

BDM 指數的加權權重（weight）是按各個加密貨幣的交易市值比例計算，但其加密貨幣的選擇卻非依照交易金額的排名而定。例如，2021 年 11 月，交易金額排名第十名的狗狗幣卻沒有被納入指數計算，因為根據標準普爾公司的指數管理準則，數據委員會可以否決未註冊、具有隱私問題、或具有潛在市場干擾的加密貨幣納入指數中，而狗狗幣沒有支持的白皮書，[23] 發行的內容與目標可能存在問題，故不被納入加密貨幣指數的計算中。[24] 加密貨幣仍不被社會大眾認為可以取代通貨，而是一種金融投資標的，也就是以外的一種金融商品。

直到 2022 年 7 月 21 日，市場上交易量前四大的加密貨幣分別是比特幣、以太幣（ETH）、索拉納幣（SOL）、及馬蒂奇幣（MATIC），[25] 以下分別介紹這些加密貨幣的特點。

（一）比特幣

由中本聰發明的比特幣是最早創造出的加密貨幣，特別的是中本聰的身分仍然未知，有人認為是日裔美國人，也有一說是一個團體。比特幣是透過區塊鏈技術產生的加密貨幣，需要透過挖礦的方式挖出比特幣。比特幣的設計有其數量限制，每成功挖出一個礦，將會獲得一定數量的比特幣挖礦獎勵，總共有 2,100 萬枚比特幣可以被挖掘，[26] 並設立獎勵減半的規則，每成功挖出 21 萬個礦，隨後成功挖礦給予礦工獎勵的比特幣數量就會減少為先前比特幣獎勵數量的一半，以限制比特幣的產生速度，也使礦工們愈難取得利潤。[27] 比特幣被視為是一種投機性金融資產，投資者買賣已經被挖出的比

---

23 加密貨幣白皮書乃加密貨幣在第一次公開發行時，發行者發表加密貨幣的發行方式、限制、及目標的報告書。

24 參閱 James，〈狗狗幣出局？標普與道瓊 S&P 加密貨幣指數追蹤 243 種幣，卻沒 Doge〉，https://www.blocktempo.com/sp-crypto-index-tracker-nant-find-doge/。

25 參閱 CoinMarketCap，https://coinmarketcap.com/zh-tw/。

26 2,100 萬枚的供給限制乃比特幣主幣的發行規則，由比特幣主幣衍生的幣種有不同的發行量限制。

27 參閱 Sandra，〈解讀中本聰謎團──比特幣只有 2,100 萬枚總供給，其實很合理？有特殊涵義？〉，https://www.blocktempo.com/why-satoshi-set-21m-as-btc-supply-hard-cap/。

特幣，如同買賣股票，比特幣價格也會產生大幅波動。[28]

　　2017 年 8 月，比特幣進行一次硬分叉（hard fork），[29] 由原本的比特幣主幣區塊鏈分割出了比特幣現金（Bitcoin Cash，BCH）區塊鏈，在比特幣主幣區塊鏈上仍然可以持續挖礦，挖出的是比特幣主幣，而在比特幣現金區塊鏈上挖出的是比特幣現金，使市場上同時出現比特幣主幣以及比特幣現金兩種加密貨幣。到了 2017 年 10 月，比特幣主幣區塊鏈又進行一次硬分叉，分割出比特幣黃金（Bitcoin Gold，BTG）區塊鏈，因此市場上同時有比特幣、比特幣現金、及比特幣黃金這三種加密貨幣可以進行挖礦與交易，而比特幣現金區塊鏈與比特幣黃金區塊鏈兩者的不同是在於演算法的差異。此外，比特幣、比特幣現金、及比特幣黃金的供給量限制均為 2,100 萬枚。[30] 至 2022 年 7 月為止，比特幣區塊鏈已有上百個分叉，但仍以比特幣、比特幣現金、及比特幣黃金是全球交易金額前十大的加密貨幣，其價格在加密貨幣市場具有很大的影響力。[31]

（二）以太幣

　　以太幣為區塊鏈平台以太坊（Ethereum）的原生貨幣，是全球交易金額排名第二的加密貨幣。以太坊於 2014 年由 Vitalik Buterin 正式推出，並同時發行以太幣。以太幣的共識機制和比特幣相同，也是透過挖礦產生新的以太幣，但以太坊是第一個結合智能合約與去中心化應用程式（decentralized application，DApp）的區塊鏈平台，[32] 發行者可以在以太坊上創建許多金融商品與服務。[33] 智能合約於 1994 年由電腦科學及密碼學專家 Nick Szabo 提

---

28 比特幣問世時（2008 年），1 枚比特幣的價格為 0.1 美元，到了 2017 年已高達 13,850 美元，從 2020 年開始，價格快速上漲，於 2021 年 10 月，價格曾高達 61,309 美元。

29 硬分叉是在區塊鏈中由於更新或改變規則，導致主鏈上分離出新的區塊鏈，使市場上同時存在兩條區塊鏈的情況。兩條區塊鏈皆不會消失，可持續用於挖礦與交易。

30 參閱 CoinMarketCap，https://coinmarketcap.com/zh-tw/。

31 參閱 forkdrop.io，〈How Many Bitcoin Forks Are There?〉，https://forkdrop.io/how-many-bitcoin-forks-are-there。

32 去中心化應用程式乃在區塊鏈上的應用程式，在去中心化應用程式上的交易紀錄都是公開且難以竄改的。

33 參閱懶人經濟學，〈什麼是以太坊？五分鐘完整以太坊介紹：以太坊智能合約、以太坊交易

出，是一種在區塊鏈技術中使用的電子合約，合約內容通常為區塊鏈上的共識協議，智能合約的主要功能是驗證及保障合約內容確實執行。[34] 發行者可以在以太坊上透過撰寫程式碼來建立自己的智能合約，內容包含金融商品發行的運作方式、規定等資訊。智能合約的出現使許多實際的金融商品可以數位化，因此提高了以太坊與以太幣的價值。此外，發行以太幣的智能合約規定以太幣沒有數量限制，以太幣因此不具有稀少性的特性，也沒有挖礦獎勵減半的機制。

以太坊基金會表示預計將於 2023 年將原本的以太坊更新為以太坊 2.0，主要的差別在於共識機制的變更，從原本的工作量證明（proof of work，PoW）共識機制更改成權益證明（proof of stake，PoS）共識機制。[35] 2023 年起，將不需由礦工挖礦產生區塊，而是系統在新的區塊的記帳權已經被某一參與者持有後，[36] 自動生成下一個區塊，參與者必須使用以太幣作為抵押品換取獲得新區塊之記帳權的權益。取得記帳權的參與者將需對區塊內記載的每筆交易進行驗證，系統會將此區塊內每筆交易之手續費的一部分作為獎勵；其他的參與者也可以成為證明者，證明取得記帳權的參與者驗證的正確性，這些證明者將會獲得少量的以太幣作為獎勵。獎勵的加密貨幣數量將會隨著參與者抵押以太幣的數量與時間、參與者人數、及證明者人數有所變動。[37] 使用權益證明共識機制將可以避免工作量證明共識機制交易效率低且會消耗大量電力的問題。[38]

手續費 Gas、DApp 去中心化應用程式〉，https://earning.tw/what-is-ethereum/。

34 參閱 Samson Hoi，〈區塊鏈 Blockchain ——智能合約 Smart Contract〉，https://www.samsonhoi.com/426/smart_contract。

35 共識機制是在區塊鏈技術中，參與者普遍認可的挖礦規則。

36 記帳權乃某一區塊的所有權，擁有區塊的人需要對區塊內所有的交易紀錄進行驗證程序，並將正確的交易紀錄都記錄在區塊中，這個過程稱為記帳。

37 參閱 BitMEX Research，〈Ethereum's Proof of Stake System-Calculating Penalties & Rewards〉，https://blog.bitmex.com/ethereums-proof-of-stake-system-calculating-penalties-rewards/。

38 參閱區塊妹，〈以太坊開發人員：合併升級最快 9 月中實施〉，https://blockcast.it/2022/07/15/ethereum-developers-doubled-down-on-a-mid-september-target-for-the-merge/。

（三）索拉納幣

　　2017 年索拉納（Solana）區塊鏈正式上線，同時推出索拉納幣，並規定索拉納幣具有 4.89 億枚的限制。有些人認為索拉納幣具有去中心化、更高的交易效率、以及高安全性的優點，可以解決區塊鏈上不可能三角的難題，[39] 因此將索拉納幣稱為以太坊殺手。但是，有些人認為索拉納幣的去中心化程度不及以太幣，無法取代以太幣在加密貨幣市場的地位。[40]

　　索拉納幣的產生是採取質押挖礦（staking），[41] 它是由權益證明共識機制衍生的運算方式。與一般挖礦的概念不同，質押挖礦以持幣者〔又可稱為交易的利害關係人（stakeholder）〕取代礦工，這些持幣者將特定的加密貨幣（通常是以太幣，有些挖礦平台也可以使用其他的加密貨幣）作為抵押品，換取獲取新區塊之記帳權的權益，抵押愈多以太幣的持幣者取得新區塊之記帳權的機率愈高。當區塊的記帳權已經屬於其中一位持幣者時，系統會自動產生下一個區塊。

　　取得記帳權的持幣者需要對區塊中的交易紀錄進行驗證。驗證時，除了需要確認交易紀錄的準確性外，還需確認交易紀錄的時間與順序是否正確，而索拉納區塊鏈上採用歷史證明（proof of history，PoH）共識機制，在交易時，系統會自動給予每筆交易一個時間標記，時間標記會根據交易發生的順序遞增，且無法更改，因此驗證時，持幣者不需再驗證時間順序的正確性。當持幣者完成驗證時，系統會給予這些參與抵押的持幣者一些索拉納幣作為獎勵。[42] 索拉納幣的獎勵機制是依照年利率計算，根據持幣者抵押加密貨幣的時間以及不同加密貨幣交易平台的策略有所差異，年利率也會不

---

39 區塊鏈上的不可能三角是指去中心化、安全性、及可擴展性這三項，只能同時滿足其中兩項，而無法三項同時被滿足。

40 參閱雷司紀等人，〈SOL 紅什麼？哪裡可以買？詳解 Solana 生態系與相關幣種〉，https://www.rayskyinvest.com/47467/what-is-solana-and-where-can-i-buy-sol。

41 質押挖礦是一種不必計算雜湊值（hash values）就可以產生新的區塊的運算方式，而挖礦普遍定義為透過計算雜湊值創造新區塊的過程，因此質押挖礦不算是挖礦的一種。

42 參閱 Binance Academy，〈什麼是 Solana（SOL）？〉，https://academy.binance.com/zt/articles/what-is-solana-sol。

同。例如，2022 年 8 月，幣安（Binance）加密貨幣交易平台會給予參與抵押的持幣者加密貨幣作為利息，利息會以持幣者抵押的加密貨幣幣種進行支付，而利息的計算方式根據加密貨幣的抵押天數有所不同，幣安給予抵押30 天的持幣者 5.86% 的年利率，給予抵押 60 天的持幣者 7.50% 的年利率；[43]比特幣基地（Coinbase）加密貨幣交易平台則給予參與抵押的持幣者索拉納幣作為利息，年利率為 3.85%。[44]

（四）馬蒂奇幣

　　馬蒂奇幣是在多邊形（polygon）區塊鏈產生的原生加密貨幣。2017 年7 月，多邊形區塊鏈創立，它是以太坊區塊鏈上的其中一條側鏈，[45] 通常被稱為第二層（layer 2）的以太坊區塊鏈。這條側鏈的協議內容為將以太坊區塊鏈上處理交易的程序轉移到多邊形區塊鏈上進行，由於多邊形區塊鏈上使用權益證明共識機制與以太坊等離子體（plasma）跨鏈橋的技術，[46] 交易處理速度快，可以解決當參與者增加時，以太坊區塊鏈上的交易處理速度會變慢的問題。在多邊形區塊鏈上的交易完成驗證後，再將紀錄傳回以太坊區塊鏈。[47] 此外，馬蒂奇幣的產生也是使用質押挖礦的方式，使用以太幣質押來競爭取得新區塊記帳權的權益。馬蒂奇幣的獎勵機制亦是按照年利率計算。2022 年 8 月，在幣安加密貨幣交易平台上，馬蒂奇幣 30 天質押的年利率為 5.20%。[48]

　　加密貨幣具備貨幣容易辨識、容易分割、及容易保存的特性。由系統產生的加密貨幣會經過驗證，不會有偽幣的問題。加密貨幣也可以根據交易需求分割成較小的單位〔例如，比特幣的最小單位為 0.00000001 枚比特幣，

---

43 參閱 Binance，https://www.binance.com/zh-TW/earn/sol。

44 參閱 Coinbase，〈Coinbase Expands Staking Offerings to Include Solana〉，https://blog.coinbase.com/coinbase-expands-staking-offerings-to-include-solana-fa5bec35edbd。

45 側鏈乃原本的區塊鏈上因為更改協議而產生的另一條區塊鏈。

46 以太坊等離子體跨鏈橋乃能夠在以太坊上形成側鏈且使側鏈與主鏈相互釘住的技術。

47 參閱雷司紀，〈Polygon 鏈與 MATIC 幣是什麼？Layer 2 的發展潛力與投資管道介紹〉，https://www.rayskyinvest.com/48768/what-is-polygon-and-matic。

48 參閱 Binance，https://www.binance.com/zh-TW/earn/matic。

稱爲 1 聰（satoshi）〕。此外，加密貨幣儲存於網路系統中，未經銷毀就會永遠存在。但是，加密貨幣不具有普遍接受性，因使用上仍有許多限制，監管尚未完備，無法爲社會大眾所普遍接受，因此加密貨幣還無法稱之爲貨幣。[49]

二、穩定幣

　　由於加密貨幣的市場價格波動劇烈，出現了釘住法定貨幣的穩定幣，提供投資加密貨幣之投資人另一個避險的選擇。穩定幣的發展目標是以加密貨幣的形式創造類似於數位法幣的數位貨幣，使其具有如同法幣價值的穩定性，同時具備加密貨幣能快速地進行資產轉移的特性。[50] 穩定幣主要可分爲法幣抵押型穩定幣、加密貨幣抵押型穩定幣、及演算法穩定幣。

（一）法幣抵押型穩定幣

　　發行這種穩定幣時，必須保證同時以 1:1 的比率儲存法定貨幣，交易需要用法定貨幣與託管機構或第三方進行。目前全球交易金額最大的法幣抵押型穩定幣是泰達公司（Tether）發行的泰達幣（USDT），[51] 從 2014 年開始發行至 2017 年，泰達幣一直都是交易金額最大的穩定幣。但於 2017 年泰達公司被調查出泰達幣發行背後僅有 78% 的準備金，[52] 這次的信任危機使泰達幣的交易金額大幅減少，同時產生更多強調資產安全的穩定幣，使其他穩定幣的交易金額上升。知名加密貨幣交易平台——比特幣基地（Coinbase）與Circle 公司共同推出的美元穩定幣（USD Coin，USDC）也因泰達幣的信任危機而交易金額增加，在 2021 年 USDC 是全球交易金額第二大的穩定幣，

---

49 參閱 Side Hustle，〈加密貨幣作爲法幣是個好主意嗎？〉，https://sidehustlefq.com/blockchian/1406/。

50 參閱市場先生，〈什麼是穩定幣（Stablecoin）？有什麼優點與風險？美元穩定幣怎麼買、安全嗎？〉，https://rich01.com/what-is-stablecoin-usdt-usdc-busd/。

51 泰達公司乃中心化機構。

52 參閱 Chakerbit，〈USDT 是什麼？爭議不斷、仍舊排在龍頭的美元穩定幣〉，https://chakerbit.com/usdt-intro/。

僅次於泰達幣。[53]

（二）加密貨幣抵押型穩定幣

　　由於加密貨幣價格太不穩定，所以出現了利用控制擔保比率與清算臨界值來穩定價格的加密貨幣抵押型穩定幣，其中以 DAI 最具代表性。DAI 是由去中心化自治組織 MakerDAO 發行的穩定幣，每枚 DAI 的發行價格都與美元以 1:1 的比率定錨，因為去中心化的設計，DAI 不受任何人或團體控制，而是完全由程式代碼自動執行的加密穩定幣。投資者在購買 DAI 時需使用持有的數位資產（例如，加密貨幣）作為擔保品，[54] 經過擔保比率計算後，可換取相對應的 DAI 數量，而系統設定每單位擔保品價格必須高於每枚 DAI 價格的一半以上，未來贖回擔保品時，除了需支付 DAI，還需支付持有 DAI 期間的利息才能換回擔保品。[55]

　　以數位資產作為擔保品存在數位資產價格下跌的風險，當擔保品價格下降至使每枚 DAI 的實際價值小於 1 美元時，系統會自動清算賣掉作為擔保品的數位資產換取美元，避免 DAI 價格崩盤。此外，MakerDAO 設立 DAI 儲蓄率（DAI saving rate，DSR）機制，[56] 進行 DAI 交易時需開立帳戶，將購買的 DAI 儲存至帳戶中，為了鼓勵投資者購買 DAI，系統會透過演算法計算出當日的儲蓄率（即報酬率），並根據當日儲蓄率乘以帳戶中儲存的 DAI 金額支付利息，利息支付的方式為額外發行另一種加密貨幣 Maker（MKR）進行支付。[57] DAI 儲蓄率機制藉由調整儲蓄率，將每枚 DAI 價格穩定在 1 美元，如果每枚 DAI 價格超過 1 美元，MakerDAO 會降低儲蓄率，以減少

---

53 參閱鉅亨台北資料中心，〈一文讀懂穩定幣〉，https://news.cnyes.com/news/id/4682760。

54 通常貨幣的發行準備是由發行者提列，法幣抵押型穩定幣的準備金亦是由發行者所提列，但是 MakerDAO 為去中心化組織，在發行後除了修改程序碼的問題外，此組織並不會管理 DAI 穩定幣的交易問題。若由 MakerDAO 提列準備金，當準備金不足或 1 枚 DAI 的價格脫離 1 美元時，此組織沒有解決這些問題的權力，將會造成投資者的鉅額損失。

55 參閱 Jeff，〈穩定幣三部曲（二）──數位貸款不用愁，Maker 幫你解憂愁〉，https://zombit.info/stable-coin-decentralized-asset-mortgage/。

56 MakerDAO 稱持有 DAI 的報酬率為儲蓄率。

57 參閱 ChainDaily，〈MKR 幣是什麼幣？MKR 幣專案點評及價值分析〉，https://www.chaindaily.cc/posts/0cd3fe1ac7b77dd38d633e5fbb7b1f41。

DAI 需求量，進而將價格降低至 1 美元；反之，如果每枚 DAI 價格低於 1 美元，則會提高儲蓄率，以增加 DAI 需求量，使價格上升至 1 美元。[58]

（三）演算法穩定幣

演算法穩定幣是穩定幣未來的發展趨勢，結合智能合約及演算法發行，在穩定幣市場價格低於釘住的價格時，智能合約會回收穩定幣以減少供給；反之，如果高於釘住價格時，則會增加穩定幣供給。較著名的演算法穩定幣有 Ampleforth（AMPL）、Frax Finance（FRAX）、Base Protocol（BASE）等，但技術都還未成熟。[59]

三、政府幣

政府幣又稱中央銀行數位通貨，乃政府發行的數位貨幣，根據使用對象又可分爲批發型政府幣與通用型政府幣。批發型政府幣爲銀行間使用的政府幣，發行目的乃作爲銀行間支付大額交易及跨行清算的工具。通用型政府幣是提供給社會大眾使用的政府幣，發行目的乃提供社會大眾另一種交易支付工具。[60] 政府幣與加密貨幣及穩定幣最大不同的是管理貨幣權又回到政府手上，且發行動機爲促進法幣數位化，因此去中心化的政府幣及批發型政府幣，都不是各國中央銀行的發展目標，而是將重心放在利用中心化的技術發行通用型政府幣。但政府幣與穩定幣仍有相似之處，皆是以取代實體通貨，將通貨數位化爲目標，在使用上也都與傳統的通貨相似。

全球第一個正式發行政府幣的是巴哈馬於 2020 年 10 月發行的沙錢（sand dollar），1 塊錢沙錢與 1 塊錢法定貨幣等值，而巴哈馬元對美元又採取固定匯率，對美元有固定的兌換關係，所以沙錢又被認爲是一種數位美

---

58 參閱 Ethereumprice，〈Dai Savings Rate Explained〉，https://ethereumprice.org/guides/article/dai-savings-rate-explained/。

59 參閱 Block Beats，〈DeFi 新手科普——綜觀九種算法穩定幣全貌，及其各自 rebase 機制〉，https://www.blocktempo.com/into-of-9-defi-stablecoins-and-their-rebase-design/。

60 參閱李淑慧等人，〈數位貨幣爭霸戰台灣準備好了嗎？〉，https://money.udn.com/money/topic/20210303。

元。[61] 最著名的政府幣爲中國的數位人民幣。2019 年，中國開始在特定城市進行數位人民幣的試點，2021 年 11 月，以數位人民幣支付交易的累計金額已經達到 620 億人民幣。[62] 瑞典發展出了電子克郎（e-Krona），到 2021 年 11 月爲止，還在試驗階段。[63] 柬埔寨也嘗試發展政府幣 Bakong，不過也只是在試驗階段，仍無法取代現金在柬埔寨的地位。[64]

在台灣方面，根據央行的相關報告，發展去中心化技術可能會有安全及效率的問題，且目前將去中心化運用到政府幣的技術尚未成熟，大部分國家將發展重點放在通用型政府幣。現階段央行正在積極研發，主要針對技術及監管問題，並同時推行數位支付，希望在不久的將來，能夠發行數位新台幣。[65]

第七節　結語

人類交易的開始也可以說是文明的起源，從最初以物易物的交易模式，人們利用自己剩餘的物品與他人交換，改善了生活。但是，以物易物的交易模式存在許多障礙，人們開始尋求良好的交易支付工具，貨幣因此產生。人們之所以使用貨幣，乃其具有交易媒介、價值標準、價值儲存、及遞延支付等功能，而這些功能隨著貨幣的演變愈來愈完善。人類最早以實體物品作爲貨幣的是商品貨幣時代，但由於其存在諸多缺失，因此有了紙幣的產生。紙幣具有貨幣所有的功能，且攜帶方便有利於交易，所以紙幣成爲普遍

61 參閱廖玉玲，〈加勒比海小國巴哈馬！全球首波發行 CBDC 國家〉，https://money.udn.com/money/story/5613/5280459。

62 參閱李沃牆，〈剖析大陸法定數位貨幣進程〉，https://view.ctee.com.tw/economic/37043.html。

63 參閱 Jason Liu，〈瑞典央行公布 CBDC 電子克朗最新進展，即將進入爲期一年的隔離測試階段〉，https://www.blocktempo.com/sweden-starts-testing-worlds-first-central-bank-digital-currency/。

64 參閱 Lan, Ying Pin，〈當虛擬貨幣來敲門：柬埔寨將推出國有虛擬貨幣 BAKONG〉，https://www.thenewslens.com/article/130808。

65 參閱中央銀行，〈中央銀行六月理監事會後記者會參考資料〉，https://www.cbc.gov.tw/tw/cp-302-114966-67300-1.html。

被使用的貨幣。

　　隨著人類經濟發展程度的提高，交易金額不斷增加，人類使用的貨幣由紙幣進化到支票、活期存款，再進化到電子貨幣，使人類逐漸朝向無現金社會（cashless society）邁進。自從 2008 年中本聰的文章發表後，加密貨幣、穩定幣、及政府幣等各種的數位貨幣如雨後春筍，短短十幾年間就出現了上萬種的數位貨幣，各國政府也積極發展數位政府幣，希望搶先在加密貨幣或穩定幣成為主要數位貨幣前使用，以避免政府的通貨獨佔發行地位被動搖。目前在所有的數位貨幣中，以比特幣最為成熟，也是市場上交易金額最大的加密貨幣。中國、瑞典等國家已經開始進行政府幣的試點，希望能夠儘快達成通貨數位化的目標，並維持政府的通貨發行權於不墜。我國央行也啟動發行政府幣的研發，希望在解決技術及監管問題後，能夠推出數位新台幣。

第三章
數位貨幣的發行

數位貨幣的產生乃源於網路的普及，不論是加密貨幣、穩定幣、或是政府幣，每種數位貨幣的形成及發行都必須仰賴完善的電腦技術。數位貨幣爲數位形式的貨幣（金融資產），包括加密貨幣、穩定幣、及政府幣，而加密貨幣乃沒有中心管理機構，且使用密碼學所創造的。本章將介紹各種數位貨幣的發行技術，其中以使用區塊鏈爲主，但也有使用非區塊鏈的技術發行。

第一節　加密貨幣的發行原理

傳統的貨幣（M_1），通貨是由中央銀行根據發行準備所發行，[1] 活期存款是商業銀行以通貨存款所創造。當今的加密貨幣如何發行，其背後的原理及技術是本節所要介紹的。

一、去中心化

中心化乃產品或服務有機構負責管理的機制，在加密貨幣尙未發明之前，所有的產品都是中心化的設計，以確保資產不會遺失，或是在損失資產時能有機構可以負責。雖然多數人仍信任管理中心化，但不信任中心化機制者認爲，管理機構存在貪腐而使人們的資產價值減少的問題，因而發明去中心化的資產。

去中心化就是沒有中心機構管理的機制，沒有固定的規則，只能依照所有人的共識交易。因此，當去中心化資產發生問題時，並不存在管理機構可以訴求協助，這使持有去中心化資產的風險過大。爲了降低風險，去中心化資產必須利用密碼學加密，讓第三方難以竊取資產（魯特，2018）。

去中心化的概念逐漸使用於金融產業，去中心化金融（decentralized finance，DeFi）的概念逐漸取代中心化金融（centralized finance，CeFi）。去中心化金融使用智能合約技術，將銀行部分業務不需經由銀行審核，或不

---

1 根據我國《中央銀行法》第 16 條第 1 項：本行發行及委託發行之貨幣，應以金銀、外匯、合格票據及有價證券，折值十足準備。

需客戶提供資訊即可完成交易。例如，支付與借貸等功能，藉由智能合約即可在區塊鏈上完成交易，並只需支付小額的手續費，就可以快速且便利地完成金融服務。[2] 但是，去中心化金融需與實體金融整合，將實體金融中的部分服務去中心化，以提升服務效率，這樣才能有利於長遠發展，也對客戶較有保障。[3]

二、加密

　　加密（encryption）是在傳遞資訊時設定密碼，使第三方無法竊取資訊的技術，加密方式根據參與者間密碼是否相同，可分為對稱式加密（symmetric encryption）及非對稱式加密（asymmetric encryption）。對稱式加密是所有能夠取得資訊的參與者都使用同一組密碼解密取得資訊，但資訊在傳遞過程中若遭到篡改，新加入的參與者無法得知篡改前的資訊，密碼學家因此而發明出雜湊（hash）。

　　雜湊是一種驗證資訊之正確性及完整性的演算法，大多數加密貨幣乃使用 SHA256 規格的雜湊，在此規格下，一個雜湊值是由 256 個位元（binary digit，bit）的組合所產生，[4] 每個位元可為 0 或 1 兩種數字（例如，256 個位元均為 0 是一個雜湊值，前 255 個位元均為 0，最後一個位元為 1 是另一個雜湊值），因此，雜湊值共有 2 的 256 次方個組合數目。為了使表達方式更簡短，通常會使用十六進位取代 0 與 1 的二進位。在十六進位表示法中，將原本 256 個位元，每四個位元為一組轉換成一個 0 至 9 與 A 至 F 總計 16 種符號中的其中一種符號作為一個新的位元，即可以 64 個位元表示出與二進位相同的結果，雜湊值則有 16 的 64 次方個組合數目。雜湊可能存在資訊不同但雜湊值卻相同的問題——此稱之為碰撞（collision），但這種機率卻只

2　參閱鉅亨網新聞中心，〈DeFi 是何方神聖？讓加密銀行利息是傳統銀行 10 倍〉，https://news.cnyes.com/news/id/4713932。

3　參閱謝予安，〈元宇宙也有金融體系！銀行業卡位 DeFi 如何在去中心及中心間找生機？〉，https://money.udn.com/money/story/5613/5953069。

4　位元為資訊系統中的最小計量單位。

有 16 的 64 次方分之一（等同於 2 的 256 次方分之一），微乎其微，可視爲
完全不會發生，無損資訊的正確性及完整性（魯特，2018）。

　　使用對稱式加密的資產，所有參與者都擁有相同的一組密碼（稱爲鑰匙
或金鑰），資訊傳輸者及接收者使用這組密碼進行加密與解密（圖 3-1）。

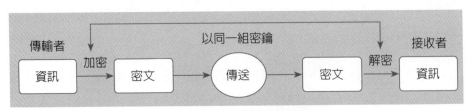

圖 3-1　對稱式加密資訊傳遞過程

　　由於對稱式加密存在密碼可能外洩的風險，密碼學家因而發明出非對稱
式加密，在產生鑰匙時，每位參與者會擁有兩把鑰匙，其中一把稱爲私密金
鑰（private key）——又稱爲密鑰（secret key），另一把稱爲公開金鑰（public
key）。公開金鑰乃在資訊傳遞過程中，會讓他人知道的鑰匙，而私密金鑰
則是只有自己知道。在傳遞資訊前，雙方需先交換公開金鑰，傳遞者傳送資
訊時先用接收者的公開金鑰加密，傳遞後接收者需用自己的私密金鑰解密
（圖 3-2）。

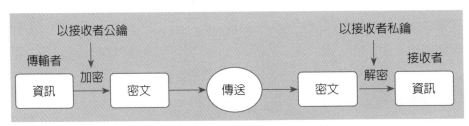

圖 3-2　非對稱式加密資訊傳遞過程

　　爲了確定密文是由傳輸者傳送，而非是僞造或病毒資訊，在傳送時可使
用數位簽章（digital signature）的方法，也就是傳輸者在傳送資訊時，以自

己的私密金鑰進行數位簽章加密；當接收者收取密文時，需要以傳輸者的公開金鑰解開數位簽章的密碼才能查看文件內容，這樣可以確定此資訊是由傳輸者傳送（圖 3-3）。有些人為了增加資訊傳遞的安全性，除了使用數位簽章外，在傳遞密文時，同時會再以接收者的公鑰加密；接收者解密時，除了需輸入傳遞者的公鑰外，還需輸入自己的私鑰。[5]

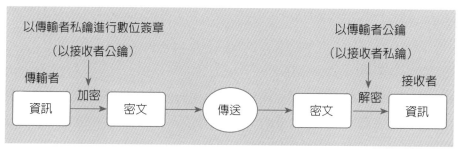

圖 3-3　數位簽章加密資訊傳遞過程

　　對稱式加密與非對稱式加密各有其優缺點。對稱式加密處理資訊的速度較快，但安全性較低；非對稱式加密技術雖然安全性高，但在解密時需要花費較多的時間，處理資訊流量很大的網站（例如，處理銀行交易時），會使網站處理資訊速度變慢，甚至可能會導致電腦當機，無法操作（魯特，2018）。

三、數位錢包

　　加密貨幣的數位錢包乃在電腦中的一套軟體，類似於網路銀行，可用以進行加密貨幣的交易，並利用私密金鑰加密以加強安全性，且透過私鑰可證明在區塊鏈的交易紀錄上，此筆交易屬於自己。

5　參閱 River Chan，〈基礎密碼學（對稱式與非對稱式加密技術）〉，https://medium.com/@RiverChan/%E5%9F%BA%E7%A4%8E%E5%AF%86%E7%A2%BC%E5%AD%B8-%E5%B0%8D%E7%A8%B1%E5%BC%8F%E8%88%87%E9%9D%9E%E5%B0%8D%E7%A8%B1%E5%BC%8F%E5%8A%A0%E5%AF%86%E6%8A%80%E8%A1%93-de25fd5fa537。

根據是否需要連接網路，可以將數位錢包分成冷錢包（cold wallet）與熱錢包（hot wallet）兩種。冷錢包是離線錢包，平時會以離線形式儲存於外接硬碟，並使用私密金鑰加密，交易時再連接網路。冷錢包以離線方式儲存，較不容易被駭客攻擊，安全性較高，但發生遺失硬碟或忘記私鑰時，則無法找回。熱錢包則是線上錢包，只需要連上網路即可使用，沒有時間與地點限制，使用較便利，但私密金鑰被盜取或錢包遭到駭客攻擊的可能性較高。[6]

四、錢包地址

當用戶取得數位錢包時，系統會提供錢包地址（wallet address），使用上如同電子郵件，可透過地址傳遞或接收交易資訊。[7] ERC20 是最常使用的錢包地址，它是以太坊區塊鏈技術協議——以太坊評論請求（Ethereum Request for Comments，ERC）其中的一種協議，此協議允許開發者在以太坊區塊鏈上創造新的加密貨幣，這使 ERC20 在以太坊區塊鏈被廣泛使用，但也造成大量空氣幣的產生。[8] 空氣幣乃沒有價值的加密貨幣，此種加密貨幣的技術不成熟，且發行團隊中沒有相關背景的專業人士，無法改進技術，哄抬價格成為發行加密貨幣唯一的目的。[9]

五、分散式帳本技術

分散式帳本又稱共享帳本（shared ledger），分散式是指帳本（區塊鏈）的所有權屬於多個人。根據英國國家網路安全中心（National Cyber

---

6　參閱動區，〈初識加密貨幣錢包，冷錢包、熱錢包有什麼不同？〉，https://www.wealth.com.tw/articles/63b52bc9-27f9-4373-bcc5-07e2114b6b69。

7　參閱 Delton Rhodes，〈Bitcoin Wallet Address: Understanding BTC Wallet vs Address〉，https://komodoplatform.com/en/academy/bitcoin-wallet-address/。

8　參閱 Coinnewshk 幣訊，〈概論智能合約 ERC 協定〉，https://coinnewshk.com/beginners-guide/%E6%96%B0%E6%89%8B%E5%B0%88%E9%A1%8C07-%E6%A6%82%E8%AB%96%E6%99%BA%E8%83%BD%E5%90%88%E7%B4%84-erc%E5%8D%94%E5%AE%9A/。

9　參閱 Chaindaily，〈空氣幣是什麼意思？通俗講解什麼是空氣幣〉，https://www.chaindaily.cc/posts/640dde8ad2e220d21a5cc8ffd7c2bf21。

Security Centre，NCSC）發布的《分散式帳本技術白皮書》（*White Paper on Distributed Ledger Technology*），分散式帳本技術是一種只能擴充、不能刪減的數據儲存技術，它會根據發生時間先後，將每一筆交易的數位紀錄儲存在數據庫，並經由參與者同意後，記錄在加密的帳本中，而這些紀錄是無法被更改的。分散式帳本分為所有人都可以加入的公有帳本、少數參與者或需取得許可的私有帳本、以及由特定團體許可的共享帳本（羅鈺珊，2017）。

分散式帳本在參與者之間無法互相信任時，提供了良好的交易數據儲存的方式（例如，在去中心化的管理方式下）。分散式帳本使數據更透明、更完整，也使數據具有可用性。但是，分散式帳本的技術尚未成熟，帳本建立及維護的成本較高，且紀錄仍會因網路系統而有延遲。在安全性上，雖然分散式帳本使用數字簽章驗證身分，但仍會受到駭客攻擊，而使資訊安全受到威脅（National Cyber Security Centre，2021）。

六、智能合約

1996年，Nick Szabo提出智能合約的概念，[10] 但直到2015年，以太坊的創辦人Vitalik Buterin才正式推出並使用智能合約。智能合約是將交易雙方的協議以程式碼在區塊鏈上執行，使用數位簽章認證，並儲存在不能更改的公共資料庫中。智能合約包含三大要素：自動執行（self-executing）、自足（self-sufficiency）、及去中心化。自動執行乃智能合約一旦成立，就會自動地執行合約條款；自足是智能合約自動執行一套規則以管理各個參與者之間的關係（龔鳴，2017）。以太坊將智能合約的應用程式稱為去中心化應用程式，它與一般使用的應用程式類似，但使用去中心化應用程式的智能合約不需中心化的伺服器管理，而使用一般的應用程式則需要加入中心化伺服器管理。

---

10 參閱 Nick Szabo，〈Smart Contracts: Building Blocks for Digital Markets〉，https://www.fon. hum.uva.nl/rob/Courses/InformationInSpeech/CDROM/Literature/LOTwinterschool2006/szabo. best.vwh.net/smart_contracts_2.html。

　　由於智能合約使用去中心化及自動化的運作方式，交易紀錄無法被更改，且合約內容會自動強制執行，可以保證合約協定執行與交易公開透明，交易者之間不會產生信任風險，也增加合約的安全性。此外，智能合約的運作流程爲自動化，且不需經由第三方管理，可節省成本和提高交易效率。[11] 但是，人爲因素造成的智能合約損失相較於傳統合約嚴重。例如，駭客或誤寫程式碼等問題都需要較多時間解決，甚至無法修改。智能合約尚未有相關法律監管，當合約出現問題時，無法受到法律保障。基於以上原因，智能合約的程式開發需要耗費大量的時間及資金，並投入許多專業人力，才能避免程式漏洞及人爲失誤。[12]

第二節　區塊鏈　$

　　區塊鏈是在去中心化的概念下，以加密、數位錢包、分散式帳本、及智能合約技術組合而成的公有帳本。運作方式爲將每筆交易記錄於帳本之中（根據不同區塊鏈上的共識不同，一個區塊可能會包含多筆或只有一筆的交易紀錄），而帳本中的交易紀錄需要被驗證才算是交易成功，且每塊區塊之間彼此相連，當資料改變時並不會在原有的區塊中修改，而是產生新區塊記錄改變後的資料。當交易量增加，交易內容不斷改變，將會有新的區塊不斷產生，進而形成區塊鏈。

一、區塊鏈的種類

　　區塊鏈網路依據參與者的限制分成三種，分別爲公有區塊鏈（public blockchain）、私有區塊鏈（private blockchain）、及聯盟區塊鏈（consortium blockchain）。

---

11 參閱市場先生，〈智能合約是什麼意思？有什麼優點與缺點要注意？〉，https://rich01.com/what-is-smart-contract/。

12 參閱 Samson Hoi，〈區塊鏈 Blockchain——智能合約 Smart Contract〉，https://www.samsonhoi.com/426/smart_contract。

（一）公有區塊鏈

公有區塊鏈沒有限制參與者身分，任何人都可以加入公有區塊鏈。例如，比特幣挖礦與交易，並沒有針對礦工與投資者資格的限制。這種類型的區塊鏈礦工很多，需要強大的運算能力（即運算快速的設備），搶先計算出區塊的雜湊值，才能比其他礦工先成功挖出新的礦。

（二）私有區塊鏈

私有區塊鏈是由一個組織來管理可以參與、執行、及維護區塊鏈的參與者，但此組織並未管理區塊鏈上的交易，仍是使用對等技術使區塊鏈去中心化。由於參與者需經由管理者同意，因此無法讓所有人隨時都可以加入；相對地，因為參與者經過篩選，參與者間的信任度能夠提升，安全性也提高。[13]

（三）聯盟區塊鏈

聯盟區塊鏈介於公有區塊鏈及私有區塊鏈之間，由多個組織或公司組成聯盟，共同管理及維護區塊鏈。聯盟區塊鏈通常會在同一產業內使用，例如，金融業的多家銀行已開始進行聯盟區塊鏈的計畫——環球貿易共享區塊鏈，[14] 使用聯盟區塊鏈記錄客戶資訊，以節省客戶審查的時間，並利用密鑰的方式增加安全性，避免客戶資料外洩。[15]

二、挖礦及獲利

挖礦是尋找一串數字——稱為一次性數字（number of once，Nonce）的過程，每頁帳本（即區塊）的雜湊值包含 64 個位元，每個位元可為 16 種符號中的其中一種，隨著每頁帳本的交易紀錄（1 筆或多筆）與前一區塊雜湊

---

13 參閱 IBM，〈什麼是區塊鏈技術？〉，https://www.ibm.com/tw-zh/topics/what-is-blockchain。

14 參閱國泰金控，https://www.cathayholdings.com/holdings/information-centre/intro/latest-news/detail?news=tmSQlQuDeEutMdfq-wE9RQ。

15 參閱黃依亭，〈聯盟鏈（Consortium Blockchain）〉，https://www.inside.com.tw/article/14233-consortium-blockchain-b2b-bitcoin-peer。

值的不同，[16] 每頁帳本（即新區塊）的雜湊值也有所不同（圖 3-4）。當雜湊值符合開發團隊設定的目標值，即可取得此頁帳本的記帳權，這種過程稱之為挖礦，而挖礦者稱之為礦工（miner）。全體礦工可以驗證此雜湊值是否正確，若經過確認後沒有問題，則此頁帳本生效（即挖礦成功），礦工可以開始計算下一頁帳本的雜湊值（即開始挖掘下一個新的礦）。

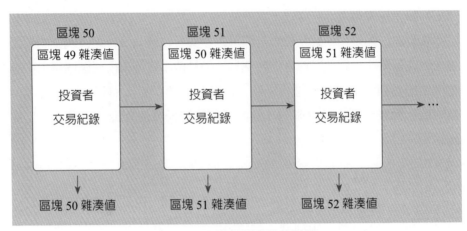

圖 3-4　區塊鏈雜湊值的計算

　　每頁帳本都是一個區塊，當挖出的區塊愈來愈多，由於下一個區塊記載的內容包含前一區塊的雜湊值，因此下一個區塊的雜湊值會受到前一區塊雜湊值的影響，若修改其中一個區塊的交易紀錄，此區塊的雜湊值會改變，下一個區塊的內容變動，原先在下一區塊上計算正確的雜湊值就是錯誤的，導致此礦之後所有區塊的雜湊值都是錯誤的，使連接於此礦之後所有區塊的雜湊值都需重新計算。由於計算雜湊值需耗費較長的時間，而大部分的區塊鏈已經發展到超過上萬個區塊，並在持續增加當中，若想要成功更改其中一個區塊的內容，需要花費的很長的時間、很大的成本，因此區塊內的交易紀錄是難以被竄改的。[17]

---

16 投資者買賣加密貨幣的交易紀錄會暫時儲存於系統中，礦工在挖礦時，將暫存的交易紀錄作為帳本內容，一旦成功挖礦，則在此區塊中的資訊都被視為已驗證過的資訊。

17 參閱黃依亭，〈什麼是挖礦？礦工到底做了什麼事？〉，https://www.inside.com.tw/article/

加密貨幣的共識機制有很多種，其中以工作量證明（PoW）與權益證明（PoS）共識機制最爲廣泛使用，隨著權益證明共識機制的使用愈來愈多，有些發行者根據其原理，發展出其他共識機制，歷史證明（PoH）乃其中之一。

（一）工作量證明共識機制

礦工經由挖礦成功而獲得系統給予的獎勵，稱之爲工作量證明共識機制，例如，比特幣區塊鏈最初完成挖礦可獲得 50 枚比特幣。考慮到比特幣供給大量增加，會導致價值下降，因此比特幣區塊鏈每成功挖出 21 萬個礦後，接下來成功挖礦的比特幣獎勵就會減少一半——即獎勵的比特幣減半（bitcoin halving）。[18] 2020 年 5 月，比特幣區塊鏈挖礦獎勵進行第三次減半，每成功挖出 1 個礦，礦工只能獲得 6.25 枚比特幣（由最初的 50 枚減至 25 枚、12.5 枚，再至 6.25 枚），專家預估下一次挖礦成功獎勵的比特幣減半將於 2024 年發生，[19] 最終比特幣的總供給量限制爲 2,100 萬枚。[20]

耗費大量電力是工作量證明共識機制的一大缺點，使用此共識機制下挖礦需付出的成本過高，使一些發行者不再使用工作量證明共識機制。但是，比特幣區塊鏈仍持續使用共識機制，礦工爲了降低挖礦成本，使用挖礦效率更高的新型礦機進行挖礦。摩根大通（J. P. Morgan）指出，由於新型礦機的出現，比特幣區塊鏈上每個區塊的挖礦成本從原先的 24,000 美元降至 2022 年 6 月的 13,000 美元。[21]

13992-mining-miner-hash-ledger。

18 參閱 Anna，〈什麼是比特幣的四年減半？〉，https://medium.com/@anna_max/%E4%BB%80%E9%BA%BC%E6%98%AF%E6%AF%94%E7%89%B9%E5%B9%A3%E7%9A%84-%E5%9B%9B%E5%B9%B4%E6%B8%9B%E5%8D%8A-8f1c8380fd23。

19 參閱劉祥航，〈比特幣誕生後第三次減半啟動價格不漲反跌〉，https://news.cnyes.com/news/id/4476243。

20 參閱小鴿鴿，〈比特幣挖礦獎勵第 3 度減半！如何簡單了解比特幣整體的概念？〉，https://www.fintechgo.com.tw/FinRead/Article/ATC24113101。

21 參閱 Graham，〈比特幣生產成本大降 46% 至 13,000 美元，因新型礦機加入挖礦〉，https://www.blocktempo.com/btc-mining-new-energy-transformation/。

（二）權益證明共識機制

　　有一些加密貨幣〔例如，馬蒂奇幣、艾達幣（ADA）等〕[22] 使用權益證明共識機制替代工作量證明共識機制。在權益證明的共識機制下，不需礦工挖礦，而是系統會在最新的區塊內交易紀錄都被驗證後，自動產生下一個區塊。參與者需要透過持有的加密貨幣作為抵押，這些抵押可用於參與下一個區塊記帳權的投票，系統將隨機選出獲得下一個區塊所有權（即取得記帳權）的參與者。[23] 抵押的加密貨幣數量愈多或時間愈長，獲得記帳權的機率愈高，例如，投入 100 枚加密貨幣作為抵押的參與者，獲得記帳權的機率較投入 10 枚加密貨幣作為抵押的參與者高出 9 倍。權益證明共識機制規定幣齡（即抵押加密貨幣的時間）會影響到取得記帳權的機率，[24] 幣齡愈長，爭取到記帳權的機率愈高，當參與者取得記帳權後，在競爭下一個區塊的記帳權時，幣齡將重新計算，以避免同一個人反覆取得記帳權。

　　在取得記帳權後，參與者需驗證此區塊上的所有交易紀錄是否都是正確的，當所有交易都通過檢驗後，才能將此區塊加入區塊鏈中，並獲取此區塊部分的交易手續費作為報酬。[25] 此外，有些參與者可以擔任證明者，負責證明取得記帳權的參與者驗證的正確性，這些證明者也將會獲得少量加密貨幣的報酬。參與抵押的參與者與證明者可獲得的報酬，會隨著參與者抵押加密貨幣的數量與時間、參與者人數、及證明者人數的不同而改變。利用權益證明共識機制可以解決挖礦造成能源消耗的問題，[26] 因而逐漸取代工作量證

---

22 艾達幣是由 Cardano 區塊鏈發行的加密貨幣，由於以太坊區塊鏈發行的加密貨幣交易速度過慢，艾達幣改善這項問題。此種加密貨幣同時具備去中心化、安全性、及交易速度快的特點。

23 若加密貨幣的開發者要以權益證明共識機制來創造加密貨幣，一開始沒有自己發行的加密貨幣，投資者可以其他的加密貨幣進行質押。

24 幣齡乃參與者抵押加密貨幣的天數，它是計算參與者加密貨幣抵押大小的權重。例如，當參與者以 100 枚加密貨幣進行抵押，並將這些加密貨幣抵押 10 天，則系統會統計加密貨幣的抵押為 1,000 枚（=100×10）。

25 參閱 Dan Weng，〈PoW vs. PoS：不懂區塊鏈技術沒關係，但你一定要搞懂這兩個！〉，https://crypto-twpro.com/what-is-proof-of-stake/。

26 參閱雷司紀，〈PoW 和 PoS 究竟差在哪，為什麼以太幣要來個大轉型成 ETH2.0？〉，https://vocus.cc/article/61161b52fd897800016013e9。

明，成為未來加密貨幣的發展趨勢。

（三）歷史證明共識機制

歷史證明乃創新的共識機制，由索拉納（Solana）區塊鏈創立，至 2022 年，只有索拉納區塊鏈使用歷史證明機制。在此共識機制中，每筆交易都會產生一個雜湊值，當參與者對雜湊值進行驗證時，可由雜湊值知道每筆交易發生的順序，而每筆交易的雜湊值會加入交易資訊與前一筆交易的雜湊值共同計算，使交易紀錄無法竄改。與工作量證明不同，歷史證明機制中每頁帳本乃每筆交易紀錄，交易驗證時只需確認 1 筆交易紀錄的正確性，不需如同工作量證明的共識機制，需要驗證同一個區塊中的所有交易紀錄（1 個區塊包含多筆交易紀錄）才是驗證成功，使交易完成時間更加快速。[27] 此外，索拉納幣採用質押挖礦的方式產生區塊，首先系統會自動產生新的區塊，參與者以本身持有的其他加密貨幣（例如，以太幣）進行抵押，並取得此區塊記帳權的權益，成功獲得記帳權的參與者需要對區塊內的所有交易紀錄進行驗證，驗證完成後，系統會根據參與者抵押的加密貨幣幣種支付利息，作為驗證獎勵，而驗證成功的區塊就是正確的區塊。

三、分叉

分叉乃除了主鏈外，出現其他條鏈的情況。有一種分叉稱之為暫時性分叉（temporary fork），它會因為最長鏈規則（longest chain rule），使分出的鏈回歸主鏈。若多位礦工在同一時間挖礦成功，將會產生多個相同編號的區塊，這些礦都會與之前成功挖出的礦形成鏈，此時區塊鏈上會同時存在多條鏈。礦工們會在這些鏈進行挖礦，當其中一條鏈之礦工挖礦的速度較其他條鏈快，其他礦工會加入挖礦速度快的鏈上進行挖礦，而沒有礦工願意在速度較慢的鏈上繼續挖礦。所有節點（node）將最長的鏈視為正確（有效率）的鏈，並在此鏈上加以延續——此稱為最長鏈規則。節點為接收與傳輸資訊

---

27 參閱 Tom Blake，〈Proof of Work vs. Proof of Stake vs. Proof of History〉，https://www.cultofmoney.com/proof-of-work-vs-proof-of-stake-vs-proof-of-history/#t-1637586836433。

的端點。例如，在電腦、手機等設備交易加密貨幣時，投資者向加密貨幣交易平台傳遞交易的需求，加密貨幣交易平台接收投資者傳遞的資訊，在此情況下，投資者與加密貨幣交易平台各自為一個節點。

　　圖3-5，在成功挖出區塊14後，如果有兩位礦工（A與B）在同一時間挖礦成功（產生兩個編號15的區塊），此時區塊鏈上將同時存在A鏈與B鏈（區塊14與兩個區塊15所形成），礦工們將會在A鏈與B鏈上繼續挖礦。在挖掘編號16區塊時，若A鏈進行的速度較B鏈快，礦工們將A鏈視為較有效率的鏈，B鏈為較無效率的鏈，因此，礦工們會在A鏈上繼續挖礦，B鏈將沒有礦工持續挖礦。但是，B鏈上的區塊15也是成功的挖礦，故系統會保留這個區塊（Antonopoulos，2017）。[28] 暫時性分叉中較無效率之鏈上所挖出尚未經驗證的區塊稱為孤兒區塊（orphan block）（例如，圖3-5中B鏈的編號16區塊），這種區塊不會影響到主鏈上的交易，儲存於這些區塊上的交易紀錄也被視為尚未驗證，挖出孤兒塊的礦工也無法獲得區塊鏈上的挖礦獎勵（加密貨幣）。[29]

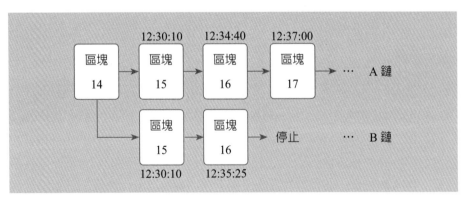

註：區塊外的數字為時間（時：分：秒）。
資料來源：魯特（2018）。

圖3-5　暫時性分叉

---

28 在這種情況下，B鏈上的區塊15挖礦成功，區塊16則否。
29 參閱李明陽，〈以太坊的獎勵機制〉，https://zhuanlan.zhihu.com/p/28928827。

　　除了暫時性分叉外，分叉又可分為硬分叉（hard fork）及軟分叉（soft fork）兩類，這與上述區塊的分叉不同。硬分叉及軟分叉的形成是因為區塊鏈上的協議、規格、或共識機制發生改變，導致分裂出另一條鏈。硬分叉是在區塊鏈的協議被修改後，舊區塊鏈上仍沿用舊協議，新區塊鏈則以新的協議、規格、或共識在新的區塊鏈上繼續進行挖礦（圖3-6）。

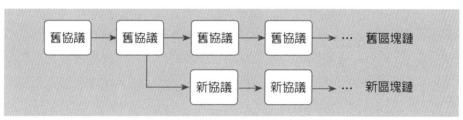

資料來源：同圖3-5。

圖3-6　硬分叉

　　軟分叉是在區塊鏈中增加新協議時，產生新鏈和舊鏈兩條區塊鏈同時進行挖礦，其中新鏈可以驗證新、舊協議，舊鏈只能驗證舊協議，當舊鏈上的礦工發現挖出的區塊不被新鏈接受，就會更新協議，使舊鏈及新鏈結合成一條認可新舊協議的區塊鏈（圖3-7）。[30]

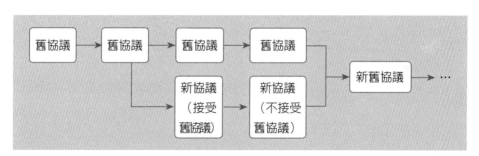

資料來源：同圖3-5。

圖3-7　軟分叉

---

30 參閱比特彭，〈什麼是區塊鏈分叉？什麼又是硬分叉／軟分叉？〉，https://medium.com/@crypto.peng/%E4%BB%80%E9%BA%BC%E6%98%AF%E5%8D%80%E5%A1%8A%E9%8F%88%E5%88%86%E5%8F%89-%E4%BB%80%E9%BA%BC%E5%8F%88%E6%98%AF%E7%A1%AC%E5%88%86%E5%8F%89-%E8%BB%9F%E5%88%86%E5%8F%89-2246d1d28d84。

四、主鏈與側鏈

　　使用分叉的形式修改區塊鏈上的共識協議，會影響挖礦及交易，當修改的協議改變過多或影響重大時，會影響礦工挖礦的效率，側鏈的技術因而產生。藉由此項技術可將資產（加密貨幣）安全地從一個區塊鏈轉移到另一個符合側鏈協議的區塊鏈，而原始的區塊鏈稱爲主鏈，後者則稱爲側鏈。主鏈與側鏈具有雙向釘住（two-way pegging）的特性，資產（加密貨幣）可從主鏈轉移至側鏈，也可從側鏈回到主鏈（圖 3-8）。利用側鏈的方式可在原始的舊鏈（主鏈）不受影響之下產生新鏈（側鏈），在未來多數參與者的共識下，可以決定回歸或不回歸主鏈（若決定回歸主鏈，則側鏈消失），相較於分叉，使用側鏈技術更加便利。[31]

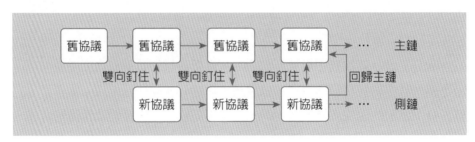

圖 3-8　主鏈與側鏈

五、區塊鏈安全

　　加密貨幣的產生、交易、及共識規則都需使用網路連線，當出現惡意攻擊時，可能難以阻止及修復。區塊鏈需考慮駭客攻擊、釣魚攻擊、51% 攻擊等安全性疑慮。詳言之：

　　1.**駭客攻擊**。駭客可經由找尋代碼漏洞、盜取私鑰、入侵員工電腦、攔截傳輸數據、及女巫攻擊（sybil attack）等方式攻擊區塊鏈，造成大量參與

---

31 參閱 Matthew Beedham，〈Scaling blockchain: Sidechains explained in plain English〉，https://thenextweb.com/news/blockchain-sidechains-explained-basics。

者的損失，其中女巫攻擊是指駭客在網路上建立許多虛假身分，並利用這些身分淹沒網路，使網路崩潰。

2.**釣魚攻擊**。詐欺者可經由向數位錢包的金鑰所有者傳送郵件，郵件中具有網站連結，能使個人的資訊在不知情下遭到竊取，造成個人及區塊鏈網路鉅額損失。

3.**51% 攻擊**。挖礦需要運用大量的電腦計算能力才能更快地取得記帳權，尤其是在公有區塊鏈上挖礦，參與者更多而需要更快的計算能力。計算能力是指挖礦所需的時間與資源，若有一位或一組礦工集結大量資源（例如，挖礦機、廠房等），成功取得鏈上 51% 以上的計算能力，這些擁有超過一半計算能力的礦工可以領先挖出新的區塊，成為鏈上多數區塊的擁有者。[32]

擁有超過半數的計算能力，可以控制或改變交易的內容與次序。例如，在等待交易驗證時，以同一筆加密貨幣支付其他交易。由於這一筆加密貨幣交易尚未被驗證成功，若要在此時修改交易紀錄，需要在驗證還未通過之前就修改完成。但是，通常一般計算能力較慢的礦工難以成功修改，而計算能力快的礦工，可以在交易正在進行驗證的時間內，成功修改交易內容，再使用同一筆加密貨幣進行另一筆交易，這種使用相同的加密貨幣完成兩筆交易的情況稱為雙重支付（double spending）。雖然兩筆交易在系統中皆顯示為成功交易，但在第二筆交易時，買方實際上並未付款，使賣方無法收到款項。當參與者得知市場上發生雙重支付時，將會引發市場恐慌，參與者為了避免利益受損而退出在此鏈上的交易。[33]

---

32 參閱 IBM，〈What is blockchain security?〉，https://www.ibm.com/topics/blockchain-security。

33 參閱比特幣中文資訊攻略，〈壞礦工的雙重支付攻擊，51% 攻擊〉，https://bitcoin-info.guid e/%E5%85%A5%E9%96%80%E6%8C%87%E5%BC%95/%E6%AF%94%E7%89%B9%E5%B 9%A3%E9%81%8B%E4%BD%9C%E5%8E%9F%E7%90%86/%E9%9B%99%E9%87%8D%E6 %94%AF%E4%BB%98%E6%94%BB%E6%93%8A。

第三節　其他的加密貨幣發行技術

　　市場上多數加密貨幣以區塊鏈作為發行技術，但仍有部分加密貨幣採用不同的技術，以下介紹主要的非區塊鏈技術。

一、坦哥技術

　　由於使用區塊鏈技術之加密貨幣的交易與驗證速度較慢，為了改善此缺點，產生了以坦哥技術（tangle）發行的埃歐塔（IOTA）。坦哥技術不使用分散式帳本，而是使用有向無環圖（directed acyclic graph，DAG），使交易紀錄無法被修改。[34] 有向無環圖是從一個節點出發後，無法再連接到此節點的技術，所有節點按時間順序朝著同一方向進行，類似於區塊鏈中先後發生的區塊相互連接，進而成為區塊鏈的概念。與區塊鏈不同的是，在坦哥技術中，發行者會將所要發行的埃歐塔幣一次發行，數量總共有27.8億枚。[35] 每位交易埃歐塔幣的參與者都需對前兩筆交易進行驗證，因此每筆交易會被驗證兩次，以避免雙重支付的情況發生。由於每位參與者都需要對交易進行驗證的工作，因此埃歐塔幣的交易不需支付手續費，以作為給予這些參與者的驗證獎勵。[36]

　　有向無環圖使用的演算法能快速地傳輸數據，但無法同時準確計算每個節點間的數據傳輸速度，使有向無環圖無法準確判斷完成每筆交易所需的時間。此外，由於在有向無環圖上進行新的交易時，在此交易之前的所有區塊都需重新運算，而當全部區塊同時運算時，會對網路造成很大的壓力，這些限制導致使用坦哥技術的普遍性仍低於區塊鏈。[37]

---

34 參閱 Serguei Popov，〈The Tangle〉，https://assets.ctfassets.net/r1dr6vzfxhev/2t4uxvsIqk0EUa u6g2sw0g/45eae33637ca92f85dd9f4a3a218e1ec/iota1_4_3.pdf。

35 參閱 Crypto.com，https://crypto.com/price/zh-TW/iota。

36 參閱成功大學分散式帳本實驗室譯，〈Tangle 白皮書〉，https://hackmd.io/@blockchain/rkpo ORY4W/%2Fs%2FryriSgvAW?type=book。

37 參閱 Wei Cheng，〈物聯網共識機制：DAG 有向無環圖 Directed Acyclic Graph〉，https:// weicheng-hsieh.medium.com/%E7%89%A9%E8%81%AF%E7%B6%B2%E5%85%B1%E8%AD

二、哈希圖技術

在哈希圖（Hashgraph）技術上，每個區塊上只會記錄一筆交易。但與區塊鏈不同的是，哈希圖技術利用謠言法（gossip about gossip）與虛擬投票（virtual voting）運作，因此帳本間不會產生一條鏈，而是會以網狀的方式運作。謠言法乃將區塊本身知道而其他區塊不知道的交易資訊，如同謠言一般，傳播給其他區塊，最終使所有區塊都知道的過程。虛擬投票是給予每筆交易的參與者對每筆交易的正確性進行投票的權利，當認為正確的票數達到三分之二的參與者時，則此筆交易視為已驗證的交易。[38] 哈希圖技術處理交易的速度快是其最大的優點，每秒可處理25萬筆資料，[39] 但此技術新穎，缺乏可運行的去中心化應用程式或合作關係，且哈希圖技術仍由此技術的開發機構 Hedera Hashgraph 所管控，尚未達成完全的去中心化。[40] Hedera Hashgraph 表示，它們所發行的加密貨幣（HBAR）同時採用哈希圖技術與權益證明共識機制，並採用空投的方式，讓參與者持有一些 HBAR 幣，[41] 在系統生成新區塊後，經由參與者將 HBAR 幣作為抵押品，換取持有新區塊的權益，以產生新的 HBAR 幣。[42]

第四節　穩定幣的發行

法定準備支持型穩定幣與加密貨幣抵押型穩定幣的發行技術，都是錨定

%98%E6%A9%9F%E5%88%B6-dag-%E6%9C%89%E5%90%91%E7%84%A1%E7%92%B0%E5%9C%96-directed-acyclic-graph-97096a22d462。

38 參閱 Odaily 星球日報，〈融了 1 億美金的 Hedera Hashgraph，想從聯盟鏈走到公鏈〉，https://kknews.cc/zh-tw/tech/ngoyv95.html。

39 參閱 Danny Lin，〈區塊鏈與他的挑戰者們，IOTA Tangle 與 Swirlds Hashgraph 基礎比較〉，https://www.blocktempo.com/blockchain-and-the-challengers-2/。

40 參閱 Alex Tam，〈Hashgraph 與 Blockchain 比較：完整技術比較指南〉，https://whatinvestment.net/hashgraph%E8%88%87blockchain%E6%AF%94%E8%BC%83/。

41 空投乃金融機構免費發放資產給投資者，在加密貨幣市場，空投是由發行者免費發放加密貨幣給參與者。

42 參閱 Hedera，https://hedera.com/。

法定貨幣，演算法穩定幣則是建立在完全由電腦系統自行控制的方法上。

一、法幣抵押

　　法幣抵押型穩定幣是利用與美元以 1:1 的比率發行，即 1 單位法幣抵押型穩定幣等同於 1 美元，並在發放法幣抵押型穩定幣時，同時儲存法幣準備金。加密貨幣抵押型穩定幣使用加密貨幣作為擔保品，換取相對應的穩定幣，而此類型穩定幣的價格與 1 美元錨定。這兩種穩定幣都是以與美元以固定比率的方式發行，使穩定幣的價格波動平緩。

二、演算法

　　演算法穩定幣採用各種演算法技術發行，每一種演算法穩定幣使用的演算法都不相同，其中較知名的演算法有 Ampleforth（AMPL）演算法與 Base Protocol（BASE）演算法。Ampleforth 演算法的設計機制是彈性調整穩定幣供給量，透過設定一個穩定幣兌美元的目標兌換率（1:1），若 1 枚穩定幣的價格小於 1 美元，演算法會將所有持有穩定幣者的穩定幣數量同比例減少，使價格上升；反之，若 1 枚穩定幣的價格大於 1 美元，系統會同比例增加每位持有穩定幣者的穩定幣數量，使價格下跌。

　　Base Protocol 演算法與 Ampleforth 演算法類似，兩者差異在於 Base Protocol 演算法通過 1:1 萬億美元之所有加密貨幣市場總市值的比率，決定穩定幣目標價格。亦即，當所有加密貨幣市場總市值為 1 萬（2 萬，0.5 萬）億美元時，穩定幣的目標價格為 1（2，0.5）美元。當穩定幣價格高於目標價格時，演算法會增加穩定幣數量，使價格下降；反之，若穩定幣價格低於目標價格時，演算法會減少穩定幣數量，使價格上升。[43]

　　直至 2021 年底，仍未出現成熟的演算法能夠取代區塊鏈技術，但演算法穩定幣仍是未來重要的發展趨勢，若成功研發出完善的演算法技術，使利

---

43 參閱 Block Beats，〈綜觀九種算法穩定幣全貌，及其各自 rebase 機制〉，https://www.blocktempo.com/into-of-9-defi-stablecoins-and-their-rebase-design/。

用此演算法的穩定幣能夠達成去中心化、跨境支付、運算快速、及安全性高等特點，就有可能取代區塊鏈及其他技術。

第五節　政府幣的發行

　　為了使政府維持貨幣主權，政府幣無法使用去中心化技術發行，取而代之的是中心化的分散式帳本技術，結合加密技術提升政府幣的安全性。目前全球發展較成熟的政府幣為數位人民幣與數位克郎，數位日圓、數位美元、及數位新台幣等仍在研發中。

一、數位人民幣

　　數位人民幣是第一個使用區塊鏈技術的政府幣，[44] 如同法幣發行，數位人民幣由中國人民銀行發行，並發放給商業銀行，再經由商業銀行將數位人民幣交付於民眾。數位人民幣具有法償地位，民眾不得拒絕以數位人民幣交易，且這些政府幣除了可以進行零售交易外，也可以進行跨境支付（圖3-9）。使用數位人民幣取代法幣進行交易，雖然會取代銀行的部分存款業務，但不會使銀行的功能完全喪失，仍需銀行擔任金融中介的角色，負責處理許多的金融業務。[45] 從 2019 年開始，中國進行數位人民幣試點，到了 2020 年 10 月，中國已於 11 個城市進行試點，並於 2022 年 1 月正式上架數位人民幣應用程式，但並非所有民眾皆可使用，只限於進行試點區域，官方認可的民眾才可以使用這個應用程式。[46]

　　中國人民銀行前行長周小川指出，數位人民幣若具備全球領先的技術，將成為各國設計政府幣的參考對象，提高各國對人民幣的關注，使人民

44 參閱蔡敏姿，〈大陸首個區塊鏈＋數位人民幣應用場景落地〉，https://money.udn.com/money/story/5604/5533064。

45 參閱果殼，〈數位人民幣 DCEP 全解析〉，https://www.blocktempo.com/analysis-inside-digital-rmb-dcep/。

46 參閱傅珮晴，〈數位人民幣新進展！試用 App 已上架、官方核准用戶才能註冊〉，https://www.bnext.com.tw/article/67121/digital-rmb-app。

幣更加國際化。[47] 但是，中國社會科學院委員余永定認為，數位人民幣與人民幣國際化沒有太大的關聯性，這兩個議題應分別探討。[48]

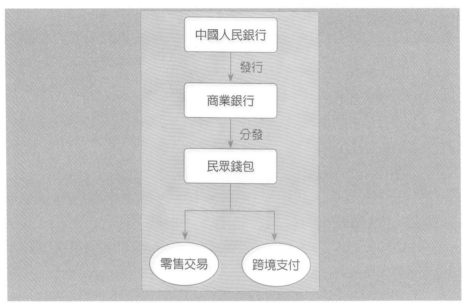

圖 3-9　數位人民幣架構

二、數位克朗

　　由於推廣無現金化政策，瑞典成為全球第一個實施政府幣試點的國家。早在 2017 年，瑞典開始研發數位克朗，並於 2020 年 2 月開始進行試點。[49] 瑞典採用分散式帳本技術，且由中央銀行發行於商業銀行，再由銀行發放給民眾，若民眾需要數位克朗與通貨互換的服務，則需要經由商業銀行

---

47 參閱日本經濟新聞社，〈周小川：數位人民幣有利於人民幣國際化〉，https://zh.cn.nikkei.com/politicsaeconomy/politicsasociety/44812-2021-05-21-09-35-46.html。

48 參閱金色財經，〈余永定：數字人民幣不會與人民幣國際化等問題聯繫在一起〉，https://news.cnyes.com/news/id/4752174。

49 參閱普匯金融科技，〈世界上最不依賴現金的國家！瑞典央行數位貨幣 E-krona 介紹！〉，https://www.influxfin.com/articlepage?q=knowledge-8265。

辦理。[50] 到了 2021 年，數位克朗的進展仍十分有限，瑞典央行表示尙有監管問題需要克服，估計到 2026 年才能完成試點。[51]

三、數位美元

2022 年 1 月 20 日，美國聯準會發布央行數位貨幣報告，報告中表示將數位美元納入金融政策中，並期待提早立法使數位美元授權使用。聯準會認爲發行數位美元能夠鞏固美元的地位，使美元維持全球首要貨幣地位。但是，由於銀行存款與政府幣有替代關係，政府幣可取代部分銀行業務，一旦正式發行數位美元，民眾可能會將自己的部分存款移轉至數位錢包，以政府幣的方式持有資產，使銀行的存款與放款減少，影響銀行的資產與負債。此外，使用政府幣進行交易的資訊更透明，可能會有個資的隱私問題，也存在駭客攻擊造成鉅額損失的風險，故聯準會對於數位美元的發行仍在審愼研議之中。[52]

四、數位日圓

2020 年，因新冠肺炎的疫情嚴峻，人民對無現金交易的需求增加，使日本央行將數位日圓的發展計畫納入政策中。[53] 數位日圓的發行技術與其他技術較成熟的政府幣相似，皆採用區塊鏈技術。此外，包括日本三大銀行在內的 70 家企業與日本央行共同研發及推行數位日圓，以促進無現金交易的發展。[54]

---

50 參閱 Sveriges Riksbank，〈Sveriges Riksbank Economic Review〉，https://www.riksbank.se/globalassets/media/rapporter/pov/engelska/2020/economic-review-2-2020.pdf。
51 參閱林奕榮，〈瑞典央行數位貨幣實驗初步結論應慢慢來〉，https://money.udn.com/money/story/5599/5372503。
52 參閱張博翔，〈數位美元研究報告終於發布，Fed：將大幅改變美國金融體系〉，https://news.cnyes.com/news/id/4805220。
53 參閱陳建鈞，〈計畫導入數位日圓！什麼原因讓熱愛現金的日本加速發展虛擬貨幣？〉，https://www.bnext.com.tw/article/58532/japan-digital-currency-yen。
54 參閱吳珍儀，〈逾 70 家日本公司合推 DCJPY 數位貨幣，最快 2022 年推出〉，https://finance.ettoday.net/news/2131838。

五、數位新台幣

　　台灣正在積極研發數位新台幣，中央銀行於 2020 年開始進行技術開發的實驗計畫，2021 年 6 月已進入第二階段的通用型政府幣試驗計畫，實際與技術團隊模擬民眾如何使用數位新台幣。中央銀行規劃之數位新台幣的使用方式，乃民眾自行選擇商業銀行開立錢包帳戶，實體新台幣與數位新台幣以 1:1 的比率兌換，民眾可使用數位新台幣應用程式，在任何場合皆可交易，不需綁定信用卡或金融卡，數位新台幣的使用沒有年齡限制。此外，央行總裁楊金龍認為數位新台幣的研發不應以速度為主要考量，而是以開發出便利且安全的數位新台幣為目標。[55]

　　發行政府幣是許多國家中央銀行的政策目標，雖然多數國家的政策仍為政府幣與實體貨幣共存，或是認為政府幣是額外的一種支付方式，[56] 但也有專家認為未來是無現金社會，政府幣等數位貨幣將會成為主流的交易支付方式。[57] 政府幣的發行一般普遍認為具有先發優勢，也就是先發行的政府幣可能在全球具有優勢的貨幣地位，[58] 故許多國家的政府致力於領先推出政府幣。但是，部分國家（例如，台灣、日本、及美國等）認為應先使技術足夠成熟且具有完備的監管政策，才能發行有利於經濟與金融發展的政府幣。

第六節　結語

　　發行數位貨幣的技術不斷翻新且複雜，發行加密貨幣的技術主要包括去

---

55 參閱陳林幸虹，〈央行數位新台幣目標，楊金龍：推出時要比現有電子貨幣都好用〉，https://www.rti.org.tw/news/view/id/2103006。

56 參閱 Samrat Kishor，〈Will CBDC be a gamechanger?〉，https://economictimes.indiatimes.com/markets/cryptocurrency/will-cbdc-be-a-gamechanger/articleshow/86907351.cms?from=mdr。

57 參閱 Taylor Locke，〈Future of Money: Economist Says the End of Cash Is Coming —— here's what could replace it〉，https://www.cnbc.com/2021/11/11/predictions-for-future-of-money-cbdcs-stablecoins-cryptocurrency.html。

58 參閱 Vipin Bharathan，〈Central Bank Digital Currency: First Movers Have An Advantage in Open Economies〉，https://www.forbes.com/sites/vipinbharathan/2020/10/16/central-bank-digital-currency-first-movers-have-an-advantage-in-open-economies/?sh=63bf3ef15b53。

中心化、加密技術、數位錢包、錢包地址、分散式帳本、及智能合約等，這些技術不只是在區塊鏈技術上被使用，在其他技術與領域上也被廣泛運用。例如，去中心化結合金融產生去中心化金融的概念，或是在物聯網領域上也是重要的發展技術，利用對等技術將資料在各個節點之間傳輸，不必再架設伺服器或更新網路系統才能傳送資料，可以節省資料傳輸的時間與成本。[59]

　　區塊鏈的發明開啟了數位貨幣時代，結合分散式帳本及智能合約的區塊鏈技術，具有無法竄改與加密安全的特性，使區塊鏈成為加密貨幣發行的主流技術。但是，區塊鏈技術尚未成熟，區塊鏈安全仍未受到良好的保障，駭客攻擊、釣魚攻擊、及 51% 攻擊等均會造成參與者鉅額的損失。

　　雖然區塊鏈在所有數位貨幣發行技術中相對完善，但仍有其限制，故部分數位貨幣採用其他的發行技術（例如，坦哥技術改善使用區塊鏈的加密貨幣無法進行小額交易的限制，哈希圖技術提升交易速度），可是這些技術皆有其缺點，使用的普及度仍遠小於區塊鏈。在各種穩定幣中，以法幣抵押型穩定幣為主流，因以固定比率釘住美元，而使此種穩定幣的價格波動平緩。演算法穩定幣是數位貨幣發展的重點，但目前技術都尚未成熟，且開發演算法的過程過於耗時，故其使用較法幣抵押型穩定幣來得少。

　　為了鞏固中央銀行發行貨幣的主權，多國政府開始研究發行政府幣。直至 2021 年，數位人民幣及數位克朗為全球技術較成熟的政府幣，且已開始進行試點測試，但目前仍有監管問題尚需解決，故還需時間才能完成試點，而後正式發行。許多國家認為應以便利性及安全性作為發行政府幣的主要考量，過度強調速度競爭反而會使政府幣的發行產生無法預期的不利後果。

---

59 參閱行政院智慧國家推動小組，〈區塊鏈＋物聯網，台灣新創公司打造新商業模式〉，https://digi.ey.gov.tw/Page/1538F8CF7474AB4E/bc64d0e3-4805-4aa0-b2a6-759f9691590d。

第四章
加密貨幣的交易與價值

　　加密貨幣已經成為金融市場上一種快速成長的金融商品，交易量不斷增加，價格波動劇烈。加密貨幣在金融市場的重要性雖不斷上升，但對其作為金融投資標的價值的質疑卻未曾中斷。本章將介紹加密貨幣的交易、價格變動、以及價值的爭論。

第一節　加密貨幣交易平台

　　加密貨幣的發行就像股票一樣，需要透過交易平台提供買家及賣家交易，直至 2021 年底，全球已有上百個加密貨幣交易平台，可以區分為中心化與去中心化兩種交易平台。

一、交易平台指標

　　表 4-1 為知名加密貨幣價格追蹤平台 Coinmarketcap 於 2022 年 7 月 29 日以評分排序的全球前五大加密貨幣交易平台。有各種不同的指標用以評斷加密貨幣交易平台：

　　1. **交易幣種**。每個交易平台可支援交易的加密貨幣種類不盡相同，較知名的交易平台可交易的加密貨幣種類通常較多。因此，可交易的加密貨幣種類是判斷加密貨幣交易平台好壞的指標之一。

　　2. **交易量**。交易量乃在計算當時的 24 小時之內，以美元表示，於交易平台上可交易之所有加密貨幣的成交量。成交量乃成功交易的金額，加密貨幣交易時，買賣雙方的價格需媒合，且交易需經驗證，才可完成交易。有時需等待約 10 分鐘，甚至需要更久的時間才能完成交易，而尚未被驗證過的交易，皆不被算入成交量之中。[1]

　　3. **平均流通性**。此項指標乃賣出與買入加密貨幣的難易程度，以訂單深度與價差計算。訂單深度乃數位貨幣市場中交易的重要指標，定義為在給定

---

[1] 參閱 Jay，〈Volume〉，https://support.coinmarketcap.com/hc/en-us/articles/360043395912-Volume-Market-Pair-Cryptoasset-Exchange-Aggregate-#h_c4882e32-faa5-4a86-86dd-76ca30b78228。

價格下，等待成交的金額；價差是計算市場即時成交價格與所有成交價格中間值的差額。系統在計算當時 24 小時之內的所有交易紀錄中隨機取樣，並以訂單深度與價差進行加權平均，計算出 0 至 1,000 之間的指數，指數愈高表示資金流通愈頻繁。[2]

　　4. 總評分。總評分是以平均流通性、交易量（金額）、及網路聲量加權計算，而網路聲量是由搜尋引擎之關鍵字搜尋的次數總量與加密貨幣交易平台網頁造訪次數的數據加權平均計算。[3] 總評分最高為 10 分，但平均流通性、交易量、及網路聲量的權重分配並未公布。幣安長期以來評分皆接近滿分，是全球評分第一的交易平台。[4]

表 4-1　全球前五大加密貨幣交易平台—— 2022 年 7 月 29 日

平台名稱	交易幣種	交易量（24 小時）（百萬美元）	平均流通性（24 小時）	總評分
幣安	393	19,812	868	9.9
FTX	285	2,488	749	8.2
比特幣基地	209	2,098	699	8.0
克拉肯（Kraken）	197	672	744	7.7
KuCoin	726	1,285	591	7.4

註：FTX 於 2022 年 11 月 11 日宣布破產重組。
資料來源：CoinMarketCap，https://coinmarketcap.com/zh-tw/rankings/exchanges/。

　　各個交易平台發展之初，皆有不同特點，投資者可以選擇適合自己的交易平台交易，但隨著加密貨幣市場的發展逐漸成熟，各個交易平台會參考其

2　參閱安菲，〈盤點 CMC 年報中的前五名平台幣，如今都活得怎麼樣了？〉，https://blockcast.it/2020/02/26/an-overview-of-the-top-5-exchange-tokens-on-coinmarketcap-annual-report/。

3　參閱 Jay，〈Web Traffic Factor〉，https://support.coinmarketcap.com/hc/en-us/articles/360043837171-Web-Traffic-Factor-Exchange-。

4　參閱 CoinMarketCap，〈Top 加密貨幣現貨交易所〉，https://coinmarketcap.com/zh-tw/rankings/exchanges/。

他交易平台的優點並加以改善，使市場上的加密貨幣交易平台愈來愈趨於同質化。

二、中心化交易平台

　　使用中心化交易平台進行交易時，資產（加密貨幣）會經由交易平台保管，且需驗證身分才可完成交易。中心化交易平台的特點乃交易量較大，交易時更容易撮合成功。以下介紹四個中心化加密貨幣交易平台，各個交易平台都有其特點。

（一）門頭溝（Mt. Gox）

　　全球第一個加密貨幣交易平台是比特幣市場（Bitcoin market），於2010年3月正式上線，初期交易只能用貝寶（paypal）買賣比特幣，[5]且只能使用美元交易。在比特幣市場上線後，市場上出現許多加密貨幣交易平台，其中最著名的是門頭溝交易平台。門頭溝交易平台曾經是全球最大加密貨幣交易平台，於2010年7月由 Jed McCaleb 所創立，與比特幣市場交易平台不同的是採用數位黃金通貨（digital gold currency）取代貝寶。由於數位黃金通貨是以黃金作為準備的數位貨幣，在交易上就如同現金交易，沒有太多監管限制，所以門頭溝交易平台逐漸取代比特幣市場交易平台。[6]

　　門頭溝交易平台雖然交易便利，但並未儲存足夠的準備金，2014年2月，門頭溝交易平台聲稱遭到駭客盜走 85 萬枚比特幣，導致門頭溝交易平台無法支付投資者的損失，最後宣布破產。[7]此次事件有許多爭議，日本東京地方法院對於駭客攻擊的真實性存疑，進而指控執行長 Mark Karpeles 涉

5　貝寶是一家提供數位跨境交易服務的公司，其開發的交易平台也稱作貝寶，此交易平台可進行線上交易與跨境支付，使民眾更便利地交易。

6　參閱橙皮書，〈加密交易所的興衰史：從 1996 年電子黃金、Mt. Gox 時代、ICO 再到 DEX〉，https://www.blocktempo.com/a-history-of-crypto-exchanges-a-look-at-our-industrys-most-powerful-institutions/。

7　參閱 Kobe Chen，〈弄丟 85 萬顆比特幣，交易所 Mt. Gox 清償方案正式通過〉，https://technews.tw/2021/10/22/mt-gox-creditor-plan-approval/。

嫌貪污、破壞信任、及數據操縱，雖然最終裁決只有數據操縱罪成立，但也讓投資者意識到加密貨幣的交易風險很高，需透過可信的交易平台進行買賣才有保障。[8]

（二）幣安

2017 年，趙長鵬創立幣安，起初業務爲首次代幣發行（initial coin offering，ICO）——類似於股票的首次公開發行（initial public offering，IPO），利用第一次發行的加密貨幣——幣安幣（BNB）來賺取利潤，也有人視幣安幣爲平台幣始祖。同年 7 月，幣安交易平台於香港上線，自此逐漸發展成全球第一大加密貨幣交易平台。幣安交易平台除了提供加密貨幣買賣的服務外，還有提供槓桿交易及合約交易等其他的加密貨幣投資工具，[9] 給予愛好風險的投資者另一種選擇。

幣安交易平台具備四大優點。首先，它支援數百種加密貨幣的交易，使投資者有更多的標的可以選擇。其次，它的交易量大，因此在買賣時，賣家較容易找到買家；同樣地，買家也較容易找到賣家。第三，它的手續費較低，不同的幣別及服務會有不同手續費率，它的手續費費率最高只有 0.1%，最低甚至只有 0.02%，在市場上是屬於較低費率的交易平台，因而吸引許多投資者交易。第四，它提供其他虛擬貨幣的 ICO，使投資者能更便利地買進首次發行的加密貨幣。

幣安交易平台注重交易的安全性。例如，客戶在註冊時，需要雙重因素（身分）驗證（2 Factor Authentication，2FA），[10] 登入幣安網站時，除了輸入帳號、密碼外，還需輸入驗證碼。幣安交易平台也有使用加密貨幣安全標

8　參閱 Ennio Y. Lu，〈世界最惡交易所 Mt. Gox 執行長被判有罪！刑罰緩刑兩年半〉，https://www.blocktempo.com/2-6-year-suspended-sentence/。

9　合約交易是指交易雙方在交易平台通過買賣合約，約定在未來特定的時間與地點，以特定的價格買賣約定之商品數量的交易，可用以規避未來現貨價格波動的風險，並利用價差來套利。

10　雙重因素驗證是在網站登入時作爲取代密碼的選項，使用者除了輸入帳戶密碼，還需加上身分驗證，通常身分驗證是以驗證碼的方式，有些網站還會使用簡訊或是應用程式進行驗證。

準（Crypto Currency Security Standard，CCSS）與用戶安全資產基金（Secure Asset Fund for Users，SAFU），其中加密貨幣安全標準是由加密貨幣認證聯盟（CryptoCurrency Certification Consortium，C4）提出，[11] 將加密貨幣安全標準分爲六大類，分別爲加密貨幣交易平台、加密貨幣市場、加密貨幣賽局、加密貨幣處理系統、加密貨幣儲存、及任何在金融交易行爲使用到加密貨幣的資訊系統。[12] 用戶安全資產基金是爲了被駭客入侵遭受損失而準備的基金，透過提存交易費用的 10% 作爲基金準備。如果加密貨幣被竊盜時，也可以此基金償付客戶的損失。[13]

（三）比特幣基地

2021 年 4 月 14 日，比特幣基地在納斯達克股票交易所（NASDAQ）掛牌上市，乃第一個上市，也是美國最大的的加密貨幣交易平台。[14] 此交易平台在 2012 年創立時，只能交易比特幣，但發展至 2021 年，已有超過三百種加密貨幣且支援超過一百個國家可以在此平台進行交易。

比特幣基地能夠成爲全球第二大的加密貨幣交易平台，乃因具備以下的優點：可交易多種加密貨幣、簡單的交易介面、流通性高、及安全性高。比特幣基地是透過提供多種技術保護客戶的資金安全，例如，冷熱錢包、雙重身分驗證、多重簽名授權交易、安全通訊端層（Secure Socket Layer，SSL）網站加密憑證等。安全通訊端層網站加密憑證是一種資訊傳輸的加密技術，能夠加密兩個網站間傳輸的資料，讓第三方無法取得傳遞的資訊，使用此加密技術的網站，網址會轉換成以 https 爲開頭的形式。[15] 比特幣基地的交

---

11 加密貨幣認證聯盟是一個國際性的組織，此聯盟獲得以太坊創始人之一的 Vitalik Buterin 等專業人士的支持，提倡加密貨幣的發展除了追求效率，更應具備足夠的安全性。

12 參閱 CryptoCurrency Certification Consortium，〈CryptoCurrency Security Standard〉，https://cryptoconsortium.github.io/CCSS/。

13 參閱市場先生，〈幣安交易所評價好嗎？市場先生評測 Binance 幣安交易所〉，https://rich01.com/binance-broker-reviews/。

14 參閱 Sabrina Kessler，〈US cryptocurrency exchange Coinbase makes stock market debut〉，https://www.dw.com/en/us-cryptocurrency-exchange-coinbase-makes-stock-market-debut/a-57196287。

15 網址的開頭可分爲 http 與 https 兩種，以 http 爲開頭的網址連結的網頁是未經過加密的；以

易手續費相較於其他加密貨幣交易平台為高，且用戶購買的加密貨幣會儲存於交易平台控制的錢包，無法自行管理資產，若帳戶被封鎖則無法將資產提出。此外，比特幣基地為了保障客戶資產安全，需要追蹤客戶交易行為，因而產生侵犯隱私問題，這也與加密貨幣去中心化的目的矛盾。[16]

（四）FTX

　　Sam Bankman-Fried 於 2019 年 5 月創立了加密貨幣衍生性商品交易平台 FTX，與其他加密貨幣交易平台不同的是，FTX 主要交易的資產是由加密貨幣所衍生的金融商品，而不是進行現貨交易（例如，買賣比特幣）。FTX 提供的金融商品有槓桿代幣（leveraged tokens）、股權通證（tokenized stocks）等創新商品。[17]

　　1.**槓桿代幣**。槓桿代幣乃使用各個交易平台發行的代幣，進行槓桿交易的商品。投資者普遍會進行 3 倍的槓桿倍率（leverage ratio）交易，假設市場上 1 枚比特幣的價格為 10,000 美元，若進行 3 倍槓桿倍率的槓桿交易，則可以 10,000 美元買進 3 枚比特幣，當比特幣的價格提高 10%，投資者可獲得 30% 的收益，但若比特幣價格下跌 10%，則投資者會遭受 30% 的虧損。從事槓桿交易承擔的風險較高，但獲益也相對較高，且槓桿交易通常不用繳交保證金就可進行交易，因此許多高風險偏好的投資者投入交易槓桿代幣，使槓桿代幣成為最多人交易的加密貨幣衍生性金融商品。

　　2.**股權通證**。FTX 將一些股票（包括即將上市與已經上市）代幣化（即對於特定股票發行特定的加密貨幣），投資人可以購買這些加密貨幣以取得股票的所有權。這些股票會由銀行託管，在安全上受到保障。這種加密貨幣

---

https 為開頭的網址連結的網頁則是經過加密驗證，因此網址以 https 開頭的網頁較以 http 開頭的網頁安全。由於 http 為開頭的網址連結的網站存在安全的風險，現在大部分網站的網址都是以 https 為開頭。

16 參閱 Andy，〈Coinbase 交易所介紹：產品服務、手續費、安全性、使用教學整理〉，https://www.investmaster.tw/coinbase-exchange-introduction/。

17 tokenized stocks 直譯為代幣化股票，但一般譯為股權通證。

可以轉換成實股，因此，持有這種加密貨幣就等同於持有股票。[18] 股票通常只能於股市營業時間進行交易，股權通證最大的優點為沒有交易時間的限制，亦沒有休市日的限制，投資者可以隨時透過股權通證交易股票。

此外，FTX 開始研發加密貨幣投資分析平台 FTX Access，主要提供投資者有關加密貨幣的分析與投資建議等服務，希望能提供投資者良好的投資建議，以吸引大型公司將加密貨幣納入公司的資產組合中。[19]

雖然中心化交易平台具有交易速度快與安全性高的優點，但需通過第三方機構的管理，這與去中心化金融的目標不符，故提供買賣雙方直接交易的去中心化交易平台也就逐漸興起。

三、去中心化交易平台

2022 年 3 月，市場上已出現上百個去中心化交易平台，其中單一互換交易平台（Uniswap）乃全球最大去中心化交易平台。此平台的開發團隊除了修改程式漏洞外，無法在單一互換交易平台上從事任何商業行為（例如，無法進行首次代幣發行）。交易雙方在進行交易時，系統會自動媒合，無需經由單一互換交易平台保管資金，也不用審核個人資訊，任何人皆可使用此平台進行交易。

為了縮短交易時需要同時找到買家與賣家的時間，去中心化交易平台普遍使用自動做市商（automated market maker，AMM）的機制。在此機制下，交易平台創造一個智能合約的資金池，並以 $X \cdot Y = K$ 的公式維持加密貨幣總量，X 為在資金池中一種加密貨幣的儲備量，Y 為另一種加密貨幣的儲備量，而 K 為一常數；以 Y/X 公式決定加密貨幣的價格，例如，資金池中存在 1,000 枚比特幣（X）與 10,000 枚以太幣（Y），則 1 枚比特幣的價格為

---

18 參閱雷司紀，〈用加密貨幣買美股：FTX Pro 股權通證及代幣化股票〉，https://www.rayskyinvest.com/22935/ftx-tokenized-stock-intro。

19 參閱 Michael Lee，〈機構需求激增，FTX 推出 FTX Access！提供指數產品、分析工具，助加密貨幣納入資產表〉，https://www.blocktempo.com/ftx-launches-ftx-access-bringing-institutional-grade-products-services-to-the-marketplace/。

10 枚以太幣。[20] 當去中心化交易平台上存在多種（n 種）加密貨幣時，則會以 $\Pi n_{i=1} X_i = K$ 的公式維持加密貨幣的總量。例如，去中心化交易平台內存在三種加密貨幣，分別存有 X、Y、及 Z 的儲備量，則去中心化交易平台上會以 $X \cdot Y \cdot Z = K$ 的公式維持加密貨幣的總量。加密貨幣之間的交易仍然是兩種加密貨幣進行兌換，加密貨幣的價格亦是按照 Y/X 的公式而定。[21]

雖然去中心化交易平台的限制較少，但技術仍較不成熟（例如，仍無法使用掛單的服務，[22] 交易雙方無法自行決定在特定交易價格進行買賣），造成投資者的不便。此外，去中心化交易平台還未提供加密貨幣衍生性商品的交易，服務的項目有限。[23]

第二節 台灣的加密貨幣交易平台

在台灣，除了可以使用全球性的加密貨幣交易平台外，台灣本土公司也開發了能以美元、新台幣交易，並且具有中文介面及中文客服的加密貨幣交易平台，使國人能更便利地進行加密貨幣交易。大部分台灣投資者同時註冊台灣加密貨幣交易平台與外國加密貨幣交易平台兩個帳戶，由於台灣交易平台可直接使用新台幣進行買賣，而外國交易平台（通常以美元進行交易）的資金進出頻繁，較容易找到買家或賣家完成交易，故台灣交易平台帳戶經常被作為出入金的帳戶，使用新台幣買入加密貨幣，再轉換至外國交易平台帳戶進行交易。[24]

---

20 參閱 Jim，〈了解自動做市商是什麼，AMM 到底在幹嘛？〉，https://www.abmedia.io/amm-price-impact。

21 參閱 Leo Lau，〈A Mathematical View of Automated Market Maker (AMM) Algorithms and Its Future〉，https://medium.com/anchordao-lab/automated-market-maker-amm-algorithms-and-its-future-f2d5e6cc624a。

22 掛單乃投資者預先設定加密貨幣交易的目標價格與數量，當加密貨幣的價格達到目標價格時，系統會根據投資者設定的數量，自動進行交易。

23 參閱吳冠融，〈Uniswap 是什麼？〉，https://medium.com/taipei-ethereum-meetup/defi-uniswap-1-e36db975e4ae。

24 參閱黃文逸，〈想買加密貨幣，該從何起手？9 個購買流程常見問題〉，https://www.

2022年2月，交易量前三大的台灣加密貨幣交易平台爲Max交易平台、王牌虛擬貨幣交易平台（Ace）、及幣託交易平台（BitoPro）。[25] 在此三大交易平台中，比特幣、以太幣、萊特幣、瑞波幣、泰達幣、美元穩定幣、狗狗幣、柴犬幣、艾達幣、及索拉納幣等加密貨幣皆可進行交易。在2022年3月20日這一天，這三個交易平台的總交易金額爲24,392,666美元，[26] 台灣的投資者除了可以使用全球性的加密貨幣交易平台外，同時也可以透過台灣加密貨幣交易平台進行交易。

（一）Max交易平台

　　Max交易平台於2018年由現代財富公司（MaiCoin）創立，乃台灣第一個加密貨幣交易平台，2022年7月31日，在Coinmarketcap對全球加密貨幣交易平台的評分中排行位於第61名，爲台灣加密貨幣交易平台之首。[27] 2022年7月，Max交易平台可使用新台幣進行交易的加密貨幣有32種，[28] 在台灣的所有加密貨幣交易平台中，屬於可交易加密貨幣數量較多的加密貨幣交易平台。

　　Max交易平台將客戶的資金交由信託銀行監管，在台幣入金時，資金會直接進入信託帳戶中，出金時也直接由信託帳戶給予客戶，[29] Max交易平台只扮演傳達訊息的角色，不會動用客戶的資金。利用信託的方式管理客戶資金，使投資者信任Max交易平台的安全性，即使Max平台虧損或倒閉，信託銀行仍會將資金歸還於投資者。[30] 爲了使交易更便利，Max交易平台設

---

businessweekly.com.tw/business/blog/3009005。

25 參閱 CoinMarketCap，〈Top 加密貨幣現貨交易所〉，https://coinmarketcap.com/zh-tw/rankings/exchanges/。

26 參閱 CoinMarketCap，〈Top 加密貨幣現貨交易所〉，https://coinmarketcap.com/zh-tw/rankings/exchanges/。

27 參閱 CoinMarketCap，〈Top 加密貨幣現貨交易所〉，https://coinmarketcap.com/zh-tw/rankings/exchanges/。

28 參閱 MAX，https://max.maicoin.com/?lang=zh-TW。

29 入金乃投資者將資金轉入金融機構（加密貨幣交易平台）的個人帳戶中以交易金融商品；出金則是投資者將個人帳戶內的資金轉出。

30 參閱 MAX，〈MAX 交易所信託保管之重要〉，https://max.maicoin.com/campaigns/trust。

立實體服務處，使用 Max 交易平台發生問題時，皆可向台北服務處尋求協助，避免線上服務可能產生難以找到協助管道的情形。[31]

（二）王牌虛擬貨幣交易平台

王牌虛擬貨幣交易平台於 2018 年開始交易，至 2022 年 7 月 31 日，已成為全球交易金額排名第 69 名的交易平台，在台灣僅次於 Max 交易平台。[32] 除了於 2021 年設立台北與台中的實體服務處及資金交予銀行信託保管外，王牌虛擬貨幣交易平台是全台第一家合法合規的交易平台，符合實名認證（know your customer，KYC）及洗錢防制的規定。[33] 交易平台為符合實名認證，客戶在註冊或交易時需提出身分證件驗證，以提升平台的安全性。此規範在數位金融領域尤其重要，明確瞭解客戶資訊才能避免犯罪行為，而實施實名認證的平台通常也會進行洗錢防制。

（三）幣託交易平台

幣託交易平台於 2018 年正式上線，此交易平台能夠成為台灣交易金額第三大的交易平台，是因其除了能以新台幣交易外，更具有可於超商進行交易的特色。幣託交易平台與全家便利超商合作，在幣託交易平台的交易可以使用幣託推出的電子錢包於超商操作進行，讓交易更加便利。[34] 為了提升安全性，幣託交易平台實施實名制交易，引入人臉辨識系統進行註冊，以預防詐騙行為發生。[35] 但是，幣託交易平台尚未引進銀行信託，進行交易的風險

---

31 參閱 Jason Liu，〈全臺第一家，MAX 交易所實體店開幕：成為世界領先的 STO 交易所〉，https://www.blocktempo.com/max-first-brick-and-mortar-store-opening/。

32 參閱 CoinMarketCap，〈Top 加密貨幣現貨交易所〉，https://coinmarketcap.com/zh-tw/rankings/exchanges/。

33 參閱蔡尚勳，〈虛擬貨幣交易所實體化 ACE 台中台北開站〉，https://money.udn.com/money/story/10860/5834478。

34 參閱幣託，〈關於 BitoPro〉，https://www.bitopro.com/about。

35 參閱何美如，〈全台首創刷臉註冊，幣託打造實名制新標準〉，https://tw.stock.yahoo.com/news/%E5%85%A8%E5%8F%B0%E9%A6%96%E5%89%B5%E5%88%B7%E8%87%89%E8%A8%BB%E5%86%8A-%E5%B9%A3%E8%A8%97%E6%89%93%E9%80%A0%E5%AF%A6%E5%90%8D%E5%88%B6%E6%96%B0%E6%A8%99%E6%BA%96-000357411.html。

仍然較大。[36]

第三節　加密貨幣的價格變動因素

　　影響加密貨幣價格的因素很多，除了加密貨幣的供給與需求，全球政經環境改變也會導致加密貨幣市場的波動。影響加密貨幣價格的因素大致可分為加密貨幣的供給與需求、成本、可交易的加密貨幣數量、新加密貨幣的加入、監管機制、及世界政經事件等六項。

　　1. **加密貨幣的供給與需求**。部分加密貨幣具有最大供給量上限的設置（例如，比特幣發行量有 2,100 萬枚的最大上限），當加密貨幣的需求增加時，供給卻愈來愈趨緩，市場供不應求，將使價格逐漸上漲（例如，比特幣每四年發生一次比特幣挖礦獎勵減半，此時價格會顯著上升）。另在需求面上，愈來愈多的投資者將加密貨幣作為投資標的，使加密貨幣的需求愈來愈多。在供給增加遲緩，需求大幅增加之下，加密貨幣的價格將會上漲。

　　2. **成本**。挖礦需要大量的計算能力，此為礦工的成本，加密貨幣價格決定收入，礦工可以藉由賣出加密貨幣獲利，若加密貨幣的價格收入少於成本，礦工淨利潤為負，這些礦工會停止挖礦，使市場上加密貨幣的供給增加停頓。為了避免停止挖礦的情況發生，當挖礦成本增加時，系統會提高加密貨幣的價格。在需求面上，因每筆交易都需支付手續費，使價格會隨交易成本而變動。雖然影響比特幣價格的因素很多，但一般普遍認為交易成本對需求具有影響力，會導致價格的波動。[37]

　　3. **可交易的加密貨幣數量**。可以在加密貨幣交易平台進行交易的加密貨幣，一般只有交易金額前百名的加密貨幣，接受新興加密貨幣或交易金額低之加密貨幣的平台不多，且這些加密貨幣的交易手續費較高，導致需求減

---

36 參閱懶人經濟學，〈Bitopro 安全嗎：幣託是否為詐騙？幣託評價與實際體驗〉，https://earning.tw/bito-pro-review/。

37 參閱 Blu Putnam 與 Erik Norland，〈比特幣經濟學探源〉，https://www.cmegroup.com/cn-t/education/featured-reports/an-in-depth-look-at-the-economics-of-bitcoin.html。

少，價格降低；反之，愈主流的加密貨幣，交易平台愈願意接受，各個交易平台會降低手續費，進行價格競爭，需求也隨之增加，加密貨幣的價格因而上升。

4.**新加密貨幣的加入**。隨著加密貨幣的種類不斷增加，創造新的加密貨幣時可參考已發行加密貨幣的技術，使開發新的加密貨幣愈來愈簡單，替代加密貨幣的種類愈來愈多。新技術可能是利用舊技術再改良，礦工及投資者更願意進行新加密貨幣的交易，新加密貨幣的需求增加，會導致舊加密貨幣的需求減少，其價格也因而下降。[38]

5.**監管機制**。去中心化是加密貨幣的特點，若監管機關介入過多或法規過於嚴格，投資者對於進入加密貨幣市場會更謹慎，而使需求減少，資金流動性降低，進而使加密貨幣的價格下跌。[39]

6.**世界政經事件**。加密貨幣去中心化的特性，使其價格直接受到全球各個有影響力國家之重大政治與經濟事件的影響。例如，2022 年 2 月開始，烏俄衝突爆發，進而影響比特幣的價格波動。當戰爭開始時，烏克蘭與俄國的投資者不願意再持有風險資產，其他國家的投資者也認為加密貨幣市場存在過多風險，因而賣出比特幣，使比特幣的價格在一天內從 38,217 美元跌至 36,376 美元。[40] 同年 3 月，由於俄國受到歐美國家的經濟制裁，俄國為了避免盧布持續貶值，宣布允許部分國家以比特幣購買石油與天然氣；[41] 此外，知名投資者 Mark Mobius 表示盧布的大幅貶值以及比特幣的去中心化，使俄國民眾也開始購買比特幣以降低損失，導致比特幣的價格於 3 月 1 日上升至 43,327 美元。[42]

---

38 參閱 Adam Levy，〈What Makes Cryptocurrency Go Up or Down?〉，https://www.fool.com/investing/stock-market/market-sectors/financials/cryptocurrency-stocks/value-of-crypto/。

39 參閱 Andrew Bloomenthal，〈What Determines the Price of 1 Bitcoin?〉，https://www.investopedia.com/tech/what-determines-value-1-bitcoin/。

40 參閱李彥瑾，〈烏俄衝突影響，比特幣跌破 4 萬美元！專家：數位黃金論點瓦解〉，https://www.moneydj.com/kmdj/news/newsviewer.aspx?a=bda17ba1-a74f-4e3c-93d2-d2f115319226。

41 參閱非凡新聞，〈友情價？俄開放中國、土耳其比特幣買油、氣〉，https://news.ustv.com.tw/newsdetail/20220325A086?type=144&。

42 參閱王巧文，〈為何俄烏戰爭推升比特幣價格？墨比爾斯點出這原因〉，https://udn.com/

　　除了實際發生的政經事件外，若全球經濟處於繁榮時期，投資者更有能力進行加密貨幣交易，更多資金流入加密貨幣市場，使需求大量增加，會使加密貨幣的價格也上漲；反之，當全球經濟處於衰退時期，投資者對金融資產的投資意願下降，使需求減少，資金流出，導致加密貨幣的價格下跌。[43]

　　除了以上的因素外，Edwards（1988）指出期貨交易會影響現貨價格，而芝加哥選擇權交易所全球市場（Chicago Board Options Exchange Global Markets，CBOE）於 2017 年 12 月 10 日將比特幣期貨掛牌；[44] 2021 年 2 月 8 日，芝加哥商品交易所（Chicago Mercantile Exchange，CME）也開放交易以太幣期貨。這些加密貨幣期貨開放交易被有些人認爲可能是造成加密貨幣現貨價格波動的原因之一。例如，當以太幣期貨開放交易時，以太幣價格從每枚近 1,700 美元下跌至每枚 1,487 美元，有人認爲這是受到以太幣期貨的影響。[45]

第四節　加密貨幣的價格波動

　　由於加密貨幣被許多人視爲是一種投機的金融工具，每日有大量資金進出市場，使價格波動劇烈，市值大幅變動。[46] 加密貨幣的價格可能因爲負面消息或替代加密貨幣的興起瞬間驟降；也可能因爲知名人士或企業表示支持，而使價格驟升。以比特幣爲例，圖 4-1 爲 2012 年 6 月至 2022 年 6 月的比特幣價格走勢。在比特幣誕生之初（2008 年），因爲尚未受到全球投資

news/story/6811/6132727。

43 參閱 River Financial，〈How Do Macroeconomic Events Affect Bitcoin?〉，https://river.com/learn/how-do-macro-events-affect-bitcoin/。

44 參閱吳慧珍，〈全球首檔比特幣期貨 10 日掛牌〉，https://www.chinatimes.com/newspapers/20171206000121-260203?chdtv。

45 參閱 Lee Michael，〈CME 以太坊期貨今上線！ETH 暴跌 12% 觸 1,487，交易員：可能只是市場修正〉，https://www.blocktempo.com/ethereum-crashes-10-a-day-before-institutions-can-short-it-on-cme/。

46 加密貨幣市場中的市值爲流通總供給量乘以單位價格，而流通總供給量是加密貨幣總供給量扣除爲了避免價值下跌而銷毀的數量。

者的關注，價格波動仍較爲平緩。至 2017 年，每枚比特幣價格第一次上漲至近 20,000 美元，有人認爲這是因爲企業尚未投入加密貨幣市場，個別投資者的交易行爲是影響比特幣價格的主要因素，而個別投資者產生錯失恐懼（fear of missing out，FOMO）的心理，擔心因爲稀少性，若現在未購買比特幣，未來將難以取得，故競相買入比特幣，使需求大增、價格上升。[47]

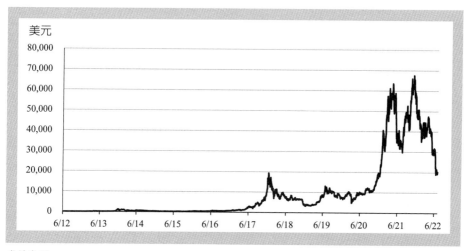

資料來源：Investing，https://www.investing.com/crypto/bitcoin/historical-data。

圖 4-1　比特幣的價格變動—— 2012 年 6 月至 2022 年 7 月

　　2018 年，比特幣價格驟降，引發投資者的恐慌，促使部分國家對加密貨幣進行限制（例如，印度央行禁止商業銀行交易加密貨幣）。[48] 對於 2017 至 2018 年間比特幣的價格波動（1 枚比特幣的價格從 2017 年 1 月 11 日的 785 美元，上漲到 2018 年 1 月 6 日的 17,172 美元，隨後價格開始下跌，到了 2018 年 12 月 15 日，價格已下降至 3,229 美元），普遍被認爲是一種泡

47　參閱 Andrew Urquhart，〈Bitcoin: why the price has exploded – and where it goes from here〉，https://theconversation.com/bitcoin-why-the-price-has-exploded-and-where-it-goes-from-here-152765。

48　參閱 Swastika Das Sharma，〈Bitcoin Ban in India: Know RBI and Central Government's Stand on Cryptocurrency〉，https://www.news18.com/news/business/bitcoin-ban-in-india-know-rbi-and-central-governments-stand-on-cryptocurrency-4448408.html。

沫現象，Malkiel（2019）甚至認爲這段期間比特幣價格的劇烈波動，可能是金融史上最大的泡沫之一。泡沫破滅的主因，乃多數比特幣集中於少數投資者手上，當這些投資者拋售比特幣，將導致比特幣價格暴跌。這些持有大量部位的投資者被稱爲鯨魚（whale），Malkiel 因此主張對比特幣交易強化監管措施，以預防洗錢行爲，同時保護其他散戶的利益。

　　2021 年起，加密貨幣市場發展迅速，大量資金流入，部分拒絕加密貨幣交易的銀行，開始開放加密貨幣交易並規劃相關的金融服務，許多金融機構與知名投資客也將資金投入加密貨幣市場，包括貝萊德（BlackRock）公司、George Soros 等皆表示支持加密貨幣市場。[49] 比特幣價格也隨之陡升，在 2021 年 2 月每枚已突破 60,000 美元，但由於年中新冠肺炎的情勢嚴峻，使資金大量流出，每枚價格下跌至 30,000 美元。[50] 雖然 Gerlach 等人（2019）認爲加密貨幣乃未來金融產業的重要趨勢，即使短期不被看好，但熊市不會一直持續，價格應該很快可以反彈。但因 2021 年底疫情再次擴散，使比特幣價格再次暴跌，[51] 至 2022 年 7 月跌至每枚 19,243 美元。雖然短期間價格波動劇烈，但還是有人預測長期間每枚比特幣的價格將會超過 100,000 美元，[52] 天橋資本（Skybridge）創始人 Anthony Scaramucci 甚至認爲比特幣價格未來將會上升至 300,000 美元。[53]

---

49 參閱桑幣筆記，〈2021 年加密貨幣回顧：重返瘋狂牛勢的高峰與低谷〉，https://zombit.info/crypto-blockchain-2021-development/。

50 參閱 Robert Stevens，〈What Makes Bitcoin Price Go Up or Crash Down?〉，https://www.coindesk.com/learn/what-makes-bitcoin-price-go-up-or-crash-down/。

51 參閱 Frank Holland，〈Cryptocurrency prices fall in December, and investors blame omicron, climate change〉，https://www.cnbc.com/2021/12/29/cryptocurrency-prices-fall-in-december-and-investors-blame-omicron-climate-change.html。

52 參閱 Megan DeMatteo，〈Bitcoin Will Hit $100,000, According to Experts. Here's What They Predict in 2022〉，https://time.com/nextadvisor/investing/cryptocurrency/bitcoin-price-predictions/。

53 參閱區塊妹，〈天橋資本創辦人預測：比特幣 6 年內有望漲到 30 萬美元〉，https://blockcast.it/2022/08/15/anthony-scaramucci-suggests-bitcoin-could-eventually-skyrocket-as-high-as-300k/。

第五節　數位貨幣價值的爭論

　　目前世界各國的法定貨幣發行幾乎都是採取十足準備發行，每一單位通貨背後都有十足的黃金、白銀、外匯、票據、或有價證券的支持。但是，在不兌換貨幣本位下，法定貨幣的價值來自於人們的信任，而政府監管更是鞏固了法幣的價值。自數位貨幣誕生以來，其價值一直備受爭議，有人認為數位貨幣具有價值，未來可以取代法定貨幣，成為未來貨幣與金融領域的發展趨勢；但也有人認為數位貨幣的發展尚未成熟，且價格波動劇烈，不具備實質的價值。

一、經濟上的價格與價值

　　一般人對於價值（value）與價格（price）總是混淆不清，難以分辨。最有名的例子為鑽石與水的矛盾（diamond–water paradox）——又稱價值的矛盾（paradox of value），也就是水比鑽石有用（有價值），但鑽石的價格卻遠高於水，如何合理解釋此一現象呢？效用理論（utility theory）認為價值為商品帶來的總效用（total utility），而決定價格的，乃商品的邊際效用（marginal utility）。例如，鑽石相較於水更具有稀少性，每多 1 單位鑽石的效用高於每多 1 單位水的效用——即鑽石的邊際效用高於水的邊際效用，所以鑽石的價格高於水。水的邊際效用雖然較低，但每個人都需使用水，使用數量非常多，水的總效用大於鑽石的總效用，所以水比鑽石更有價值。如此，即可合理解釋鑽石與水矛盾的現象。

　　在價格決定的理論上，古典學派根據勞動價值說（labor theory of value），主張價格是由供給面的成本所決定；效用學派主張價格是由需求面的效用所決定；新古典學派強調市場均衡的重要性，認為價格是由供給與需求共同決定的，供給與需求猶如剪刀的兩刃，對於價格的決定缺一不可，供給或需求的變動皆會影響價格。

　　價值是個人主觀的心理感受，價格是市場客觀決定的，兩者一般是呈同向的關係，也就是人們覺得愈有價值的物品，其價格也就愈高。但有時兩者並沒有必然的關係，人們認為有價值的物品，價格不一定高；人們認為沒有價值的物品，價格也不一定低，主觀的價值感受與客觀的市場價格有時並非一致的。

二、負面的論點

　　加密貨幣去中心化的特色，使加密貨幣仍無法獲得多數人的支持，人們普遍仍難以接受使用去中心化的加密貨幣作為交易的媒介。因當加密貨幣出現問題時（例如，系統故障或駭客攻擊等），無法找到相關管理機構協助。經濟學家 Paul Romer 認為加密貨幣的交易成本過高，且在加密貨幣興起初期，少部分投資者已大量買入，導致現今大部分的加密貨幣都集中於這些投資者手上，若將加密貨幣作為貨幣使用，將會產生富者更富的情況，加深所得分配的不均。[54]

　　此外，新創的加密貨幣可能受政策或企業影響，在短時間內價格產生劇烈波動。最具有代表性的乃狗狗幣（dogecoin，DOGE），它是一種迷因幣（memecoin），[55] 這種加密貨幣是創始人受有趣的圖片啟發而創建的加密貨幣，它的交易很容易受到社群網站影響。[56] 狗狗幣發展初期因價格低廉吸引部分投資者入金，在 2021 年 5 月特斯拉創始人 Elon Musk 在社群軟體上表示支持狗狗幣，使其價格一度迅速上漲。[57] 在 5 月之後，加密貨幣市場低迷，

---

54 參閱廖君雅，〈一文不值？諾貝爾經濟學家看加密貨幣：只是擴大泡沫，無社會價值！〉，https://www.gvm.com.tw/article/83021。

55 迷因（meme）乃網路上短期內被大量傳播或模仿的資訊，例如，在網路上爆紅的圖片或影片都屬於迷因的一種。迷因幣以圖片迷因作為加密貨幣的標誌，並以這些圖片迷因作為噱頭在網路上提高知名度。初期迷因幣的發行並沒有實際意義，只是一些發行者出於好奇而發行的加密貨幣，在 Elon Musk 表示對迷因幣的支持，使各種迷因幣的價格開始上升後，許多發行者發行迷因幣的目的是為了投機。

56 參閱 Binance academy，〈什麼是迷因幣？〉，https://academy.binance.com/zt/articles/what-are-meme-coins。

57 參閱自由時報，〈馬斯克稱帶 1 枚上月球，狗狗幣飆漲近 30%〉，https://ec.ltn.com.tw/article/breakingnews/3486946。

狗狗幣的價格也隨之下跌，且下跌幅度超過比特幣等主流的加密貨幣（圖
4-2）。

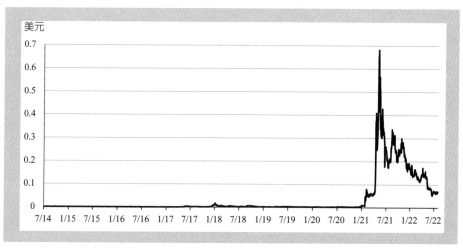

資料來源：Coingecko，https://www.coingecko.com/zh-tw/%E6%95%B8%E5%AD%97%E8%
B2%A8%E5%B9%A3/%E7%8B%97%E7%8B%97%E5%B9%A3/historical_data/
usd#panel。

圖 4-2　狗狗幣的價格變動── 2014 年 7 月至 2022 年 7 月

這種迷因加密貨幣的發行，普遍被認為缺乏實際用途，交易主要受社群
影響。加密貨幣市場中存在多種迷因幣，且交易量很大（例如，狗狗幣、柴
犬幣等迷因幣皆為交易金額全球前 20 名的加密貨幣），[58] 其他加密貨幣可能
因迷因幣價格劇烈波動，影響到投資者的資產分配，進而受到衝擊。《經濟
時報》（Economic Times）記者 Pawan Nahar 指出，近年來，美國與俄國對
加密貨幣的管制愈來愈嚴格，未來迷因幣的價格與交易將會逐漸下降。[59]

　　股神 Warren Buffett 曾表示並不支持加密貨幣，《富比士》（Forbes）
專欄作家 Zack Friedman 認為 Buffett 對加密貨幣市場抱持負面觀點的原因有

58 參閱 CoinMarketCap，https://coinmarketcap.com/zh-tw/。

59 參閱 Pawan Nahar，〈Dogecoin, Shiba Inu lost in the woods! Are they worth investing?〉，
　　https://economictimes.indiatimes.com/markets/cryptocurrency/dogecoin-shiba-inu-lost-in-the-
　　woods-are-they-worth-investing/articleshow/89246526.cms。

三：[60]

　　1. 加密貨幣不具有內在價值。在股市投資時，投資者會判斷公司的未來前景與價值，才會決定投資標的。但在加密貨幣市場中，加密貨幣的背後缺乏實體公司運營，無法透過一般商業行為賺取收入與發放股利，因此加密貨幣的價格波動是炒作行為，加密貨幣本身並無內在的實質價值。

　　2. Buffett 主要投資自己瞭解的公司，加密貨幣市場中存在太多創新的技術，商業的營運模式也與傳統營運模式不同，難以預估長遠的市場趨勢。

　　3. Buffett 主要投資穩定發展的公司，但加密貨幣市場價格波動過於頻繁，存在大量的投機行為，進而產生大量風險，不利於長期投資。

　　微軟創辦人 Bill Gates 也認為加密貨幣背後缺乏有實際產出的公司，無法像投資股票時投資者進行投資的目的是認同公司未來的發展與價值，而入金加密貨幣的投資者進行投資的目的普遍只是為了套利。此外，挖礦時需要消耗大量電力，發行加密貨幣的缺點大於優點，因此 Gates 認為加密貨幣對社會經濟的運作沒有貢獻，不具有價值。[61]

三、正面的論點

　　雖然使用加密貨幣作為交易的支付工具仍受質疑，但仍有許多的人認為加密貨幣是具有價值的，而其價值來自於社會大眾的認同。當社會大眾相信加密貨幣具有價值，認同加密貨幣可以作為交易的支付工具，則加密貨幣就具有作為如同法定貨幣使用的潛在價值。事實上，加密貨幣與法幣的價值皆是以信任為基礎，如果未來有愈多的人相信加密貨幣可作為如法定貨幣般使

---

60 參閱曹佩鈞，〈巴菲特稱比特幣沒有價值，股神不投資比特幣的 3 大原因〉，https://wealth.hket.com/article/2845488/%E3%80%90Bitcoin%E3%80%91%E5%B7%B4%E8%8F%B2%E7%89%B9%E7%A8%B1%E6%AF%94%E7%89%B9%E5%B9%A3%E6%B2%92%E6%9C%89%E5%83%B9%E5%80%BC%E3%80%80%E8%82%A1%E7%A5%9E%E4%B8%8D%E6%8A%95%E8%B3%87%E6%AF%94%E7%89%B9%E5%B9%A3%E7%9A%843%E5%A4%A7%E5%8E%9F%E5%9B%A0 。

61 參閱區塊妹，〈為何不投資加密貨幣？比爾蓋茲：因為它對社會沒貢獻〉，https://blockcast.it/2022/05/23/bill-gates-says-he-isnt-a-cryptocurrency-investor-because-it-isnt-adding-to-society/ 。

用，則加密貨幣作爲交易支付工具的重要性將逐漸提高。[62]

　　Elon Musk 對加密貨幣一直抱持正面的看法。他表示若未來可以同時使用加密貨幣與法定貨幣進行交易，將會選擇以加密貨幣代替法定貨幣，[63]並於 2022 年 1 月宣布可以使用狗狗幣購買特斯拉的產品。[64] 由於 Musk 持有大量的狗狗幣，他的言論與行爲對狗狗幣的價格有很大的影響力。2022年 4 月，知名社群平台推特（Twitter）宣布將被 Musk 收購，這項消息提高投資者對狗狗幣的信任，投資者紛紛買入狗狗幣，使狗狗幣的價格上升了22%。[65]

　　學術上普遍以稀少性（scarcity）與邊際成本（marginal cost）理論解釋加密貨幣爲何具有價值。加密貨幣的稀少性，普遍是學者認爲其具有價值的主因。部分加密貨幣設有發行量最高上限的規則，其他的加密貨幣（例如，以太幣）雖然沒有最大供給量限制，但仍會在系統中訂定共識規則，隨時調整加密貨幣的年利率，[66] 以控制供給總量。[67] 圖 4-3 爲 2015 年 7 月至 2022 年7 月以太幣的供給量變動，雖然以太坊表示以太幣沒有供給量限制，但供給量增加幅度仍逐漸平緩。但是，在經濟理論上，稀少性乃決定價格的因素之一，而非決定價值的因素，故稀少性仍無法合理解釋加密貨幣具有價值的質疑。

　　Hayes（2019）認爲創造加密貨幣的邊際成本會影響價值。加密貨幣的種類很多，加密貨幣的市場型態趨近於完全競爭市場，價格接近邊際成本。挖礦主要的成本乃計算能力，當挖礦難度愈高，需要更多、更好的電腦

---

62 參閱一流人，〈爲什麼虛擬貨幣會有價值？〉，https://www.gvm.com.tw/article/43818。

63 參閱中央社，〈馬斯克：加密貨幣會和法定貨幣一戰，我挺前者〉，https://www.cna.com.tw/news/ait/202105230218.aspx。

64 參閱中央社，〈馬斯克宣布狗狗幣可買特斯拉產品，幣值應聲大漲〉，https://www.cna.com.tw/news/aopl/202201140312.aspx。

65 參閱區塊妹，〈Twitter 接受馬斯克收購提議！狗狗幣應聲上漲 22%〉，https://blockcast.it/2022/04/26/elon-musk-will-acquire-twitter-for-43-4-billion/。

66 年利率乃共識機制中，系統給予投資者的報酬率。

67 參閱南風，〈幣圈最強黑馬：爲何以太幣終將贏得價值儲存之戰？〉，https://blockcast.it/2021/05/18/why-ethereum-will-win-the-war-in-store-of-value/。

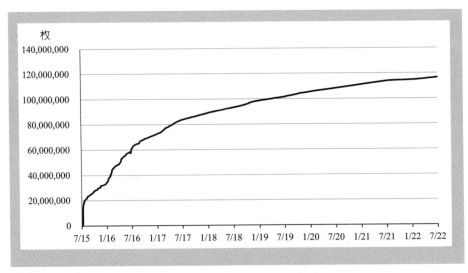

資料來源：Coinmetrics，https://charts.coinmetrics.io/network-data/。

圖 4-3　以太幣供給量—— 2015 年 7 月至 2022 年 7 月

設備以提高計算能力，邊際成本增加，礦工取得加密貨幣的成本上升，加密貨幣的價值隨之提高，價格也會因而上漲；反之，當挖礦難度愈低（例如，電腦效能提升、全球電費降低等），邊際成本下降，礦工取得加密貨幣的成本降低，導致加密貨幣的價值下降，價格隨之下跌。

　　近年來，隨著已經成功挖出的礦愈來愈多，對設有供給限制的加密貨幣而言，尚未挖出的礦愈來愈少，礦工們能取得礦的機率逐漸降低。因此，礦工們必須提高挖礦設備的效能，才能領先成功挖礦，挖礦難度愈來愈高，邊際成本增加，加密貨幣的價值與價格也隨之上升。

四、穩定幣與政府幣的價值

　　穩定幣的價值與一般的加密貨幣不同，由於穩定幣是將加密貨幣釘住實體貨幣而產生的，價格相對穩定，故其價值不在於投資，而是當加密貨幣市場劇烈波動時，可以作爲避險工具。[68] 標準普爾公司指出，穩定幣可作爲加密貨幣與法定貨幣之間的橋梁，加密貨幣去中心化的概念使加密貨幣具有作爲各國匯率統一兌換標準的潛力，類似於各國匯率普遍以美元爲標準，各國只需訂定法定貨幣與特定加密貨幣之間的兌換比率，不必與不同國家的貨幣都需訂定不同的匯率。但是，一般加密貨幣的價格過於波動，不適合作爲匯率的標準，因此標準普爾公司認爲價格相對穩定的穩定幣可以作爲各國匯率的標準。[69]

政府幣乃數位通貨，除了具備法幣的價值與功能外，數位化成爲政府幣的附加價值。使用實體貨幣無法監控資金流向，經常產生洗錢的社會問題，政府幣的出現可以使現金流透明化，對社會具有正面的價值。但是，若政府幣的發行類似銀行存款，兩者差異只是政府幣儲存於電子錢包中，這樣可能會取代部分商業銀行的金融服務。例如，民眾可以直接將現金儲存於電子錢包中，不再需要透過銀行就可進行存款，這將影響到商業銀行的運作模式。此外，推廣政府幣可能導致未來實體現金愈來愈少，使用現金交易的商家也可能減少，對有現金交易需求的一般民眾（例如，低收入戶家庭可能無力購買手機等支付工具）而言，政府幣的價值是負面的（Agur 等人，2019）。

第六節　結語

2022 年，全球加密貨幣交易平台已有數百個，較知名的交易平台（例如，幣安、比特幣基地等）皆有不同的特色，投資者可依自己的需求選擇交易平台進行交易。隨著交易平台的發展逐漸成熟，各個交易平台間會參考其他交易平台的優點進行修改，使市場上大部分的加密貨幣交易平台趨於同質

---

68 參閱道說區塊鏈，〈穩定幣的價值不在投資而在避險〉，https://kknews.cc/zh-tw/finance/vrmbxr2.html。

69 參閱 S&P Global，〈Stablecoin Regimes Are Digital Currency Boards〉，https://www.spglobal.com/_assets/documents/ratings/research/101553015.pdf。

化。例如，幣安發展之初以加密貨幣的交易爲主，但在 FTX 提供各種加密貨幣衍生性商品的交易後，幣安也開發槓桿代幣的買賣。台灣的加密貨幣交易平台普遍較晚上線，在 2022 年的三大交易平台爲 Max 交易平台、王牌虛擬貨幣交易平台、及幣託交易平台，這三個交易平台的特色大同小異，且皆強調資訊安全的重要性。

　　加密貨幣的價格決定於供需、成本、可在交易平台交易的加密貨幣數量多寡、新加密貨幣的加入、監管、以及世界政經事件等因素。許多具有影響力的企業家及投資者支持加密貨幣的發展，但也有許多學者認爲加密貨幣的價格大幅上升只是一種泡沫的現象。多數加密貨幣在發展初期，少數投資者會大量買入，致使長期下，加密貨幣價格上升的利益大部分歸於這些人的手中。此外，穩定幣與政府幣的價值和加密貨幣不同，它們的價值不在於作爲投資的商品，而是作爲法定貨幣的替代品，提供民眾不同的交易支付工具。數位貨幣的存在對社會、經濟是否具有實際的價值，仍是見仁見智、爭論未決，唯有等待時間的證明。

第五章
非同質化代幣

　　2021 年，非同質化代幣在全球興起，成為除了加密貨幣外主流的數位金融資產。代幣發行主要的目的乃價值儲存，而數位貨幣的發行目的除了價值儲存外，也以作為交易媒介為目標。所有的數位貨幣都可稱為代幣，但並非所有代幣都是數位貨幣，兩者之間並沒有絕對的必然關係。

第一節　何謂非同質化代幣

　　第一枚非同質化代幣於 2014 年 5 月誕生。[1] 2021 年 3 月，佳士得拍賣會（Christie's auctions）上藝術家 Mike Winkelmann（又名 Beeple）發表作品「每一天：前 5,000 天」（Everydays: The First 5,000 Days），在以它發行的唯一 1 枚非同質化代幣以 6,934 萬美元的價格成交後，引起社會大眾的關注，投資者逐漸將資金從加密貨幣市場移轉至非同質化代幣市場。[2]

　　非同質化代幣的定義乃每枚代幣圖像都不一樣、價值都不相同；同質化代幣的定義乃每枚代幣圖像都一樣、價值都相同。加密貨幣就是一種同質化代幣，每一枚加密貨幣的圖標（icon）都一樣，價值都相同，就如同每一張 100 元紙幣的圖像、價值都是一樣的；非同質化代幣的價值就如同畫作，每一幅畫的價值都不相同。

　　非同質化代幣的發行仍是使用區塊鏈技術，多數非同質化代幣使用的智能合約乃 ERC-721。ERC-721 是以太坊上編號 721 的智能合約，內容規定每一枚非同質化代幣有不同的代幣認證編號（token identification），而進行交易時買賣的是代幣認證編號的擁有權。由於發行根據的標的不同（即使差異微小），所以每枚非同質化代幣皆不同，[3] 價格也不相同。此外，非同質化代幣還具有不可分割的特性，最小單位以 1 枚計算。除了不可替代與不可

1　參閱 Portion，〈The History of NFTs & How They Got Started〉，https://blog.portion.io/the-history-of-nfts-how-they-got-started/。

2　參閱 Noel Lee，〈Beeple 打造 NFT 數碼藝術巨作每一天：前 5,000 天成交價高達近 6,700 萬美元〉，https://hypebeast.com/zh/2021/3/beeple-nft-christies-69-million-usd-sale。

3　參閱 Ethereum，〈ERC-721 non-fungible token standard〉，https://ethereum.org/en/developers/docs/standards/tokens/erc-721/。

分割的特性外，非同質化代幣具有稀少性，如果大量投資者進入非同質化代幣市場，市場需求大於供給，非同質化代幣的價格會上升。[4]

　　任何存在於網路上的物品都可用以發行非同質化代幣（例如，一幅畫或是一首歌，甚至是一段話或遊戲中的一件道具），初期以藝術作品作爲非同質化代幣發行的對象。由於每枚代幣都有明確的所有權，可以解決數位藝術通常是免費使用或遭受盜版下載，導致價格長期被低估的問題，代幣的買家通常爲藝術作品的支持者。2021 年，遊戲化金融（game finance，GameFi）開始崛起，在進行遊戲的同時，各項虛擬寶物皆可以非同質化代幣的形式交易，使玩家能夠邊玩邊賺（play to earn）。[5] 2022 年，數位藝術與遊戲化金融仍爲非同質化代幣的兩大應用，但非同質化代幣的應用更爲廣泛，在元宇宙（metaverse）中扮演重要的角色，[6] 未來將會出現許多不同類型的非同質化代幣。

　　2022 年 8 月，台灣的萬豪酒店和其他飯店合作推出非同質化代幣，持有代幣的民眾可以享有萬豪集團旗下酒店與其他合作飯店的住宿相關優惠。[7] 此外，知名珠寶公司蒂芙尼（Tiffany）與加密龐克（CryptoPunks）非同質化代幣的發行者合作，蒂芙尼使用加密龐克非同質化代幣的圖像製成項鍊，想購買項鍊者需購買蒂芙尼非同質化代幣，而想要購買蒂芙尼非同質化代幣的人必須先持有加密龐克非同質化代幣，每枚蒂芙尼非同質化代幣以 30 枚以太幣的價格販售。蒂芙尼與加密龐克的合作乃虛實整合，將虛擬的

4　參閱 chihyuan，〈NFT 是什麼？種類、風險有哪些？與加密貨幣的差異爲何？〉，https://www.stockfeel.com.tw/nft-%E6%98%AF%E4%BB%80%E9%BA%BC-%E7%A8%AE%E9%A1%9E-%E9%A2%A8%E9%9A%AA-%E9%9D%9E%E5%90%8C%E8%B3%AA%E5%8C%96%E4%BB%A3%E5%B9%A3/。

5　參閱林士蕙，〈一文秒懂 GameFi！爲何玩遊戲能賺 NFT，還月收五萬？〉，https://www.gvm.com.tw/article/86817。

6　元宇宙即是虛擬世界的概念，主要是透過區塊鏈與人工智慧的技術，在網路上創造與實際的世界一樣的虛擬世界，任何製造區塊鏈或人工智慧技術的硬體與軟體，都屬於元宇宙產業的一部分。

7　參閱高敬原，〈要價近 8 千元 20 分鐘賣光！萬豪集團攜幣託發住宿 MFT，哪些創新吸引人？〉，https://www.bnext.com.tw/article/71086/bitoex-marriott-nft。

加密龐克非同質化代幣圖像實體化，製成實際的項鍊販售。[8]

第二節　非同質化代幣的種類

　　在非同質化代幣市場中，主要使用的智能合約分為兩種：ERC-721 與 ERC-1155，這兩種智能合約皆有其特點。ERC-721 是最多人使用的智能合約，使用此智能合約的發行者只能發行非同質化代幣，根據每一件作品所發行的每一枚非同質化代幣皆不相同。

　　針對同一個系列的作品，發行者可以發行多枚相似的非同質化代幣（例如，外型相同但顏色不同的多枚代幣），形成一個數位作品集，每枚代幣的價值則會隨著買家對此代幣所表示之作品的喜好程度而有所不同。例如，在台灣曾經風靡一時的杰倫熊非同質化代幣就是使用 ERC-721 智能合約發行，雖然市場上普遍稱杰倫熊非同質化代幣，但其實應稱為杰倫熊作品集的非同質化代幣。發行者針對杰倫熊總共發行 1 萬枚杰倫熊非同質化代幣，每一枚杰倫熊非同質化代幣對應的杰倫熊圖像皆不同，因此每一枚代幣的價值不同，價格也有差異。[9]

　　ERC-721 規定每次進行交易只能轉移 1 枚非同質化代幣，若要轉移多枚非同質化代幣，就需要進行多筆交易。根據 ERC-721 的規定，1 件作品只能發行 1 枚非同質化代幣，若以同一件作品再次發行，系統會發現此作品曾經發行過非同質化代幣，而無法重複發行。為了解決 ERC-721 交易缺乏效率的問題，2019 年 6 月，Enjin 公司將 ERC-1155 智能合約正式上線。[10] 此智能合約允許同一筆交易可以交易 1 枚或多枚代幣，發行者可選擇以每件作品只發行 1 枚代幣的模式發行，或是可以選擇一件作品同時發行多枚代幣的模式

8　參閱品玩，〈Tiffany 也來搶錢！NFT 限量項鍊一條百萬元，20 分鐘搶光〉，https://technews. tw/2022/08/12/tiffany-nftiffs/。

9　參閱 Opensea，https://opensea.io/collection/phantabear。

10　參閱 Tassio Rafael，〈ERC-1155 Ethereum Token Standard〉，https://enjin.io/help/erc-1155-ethereum-token-standard。https://www.panewslab.com/zh_hk/articledetails/D34139742.html。

發行。

　　若針對同一件作品發行多枚代幣，這些代幣的圖像、價值都相同，並不符合非同質化代幣的定義，因此這種代幣並不是非同質化代幣，而是屬於同質化代幣，但市場上普遍將使用 ERC-721 與 ERC-1155 兩種智能合約發行的代幣統稱爲非同質化代幣。[11] 例如，師園鹹酥雞將商品的照片使用 ERC-1155 協議發行非同質化代幣，同一張商品的圖片發行了多枚非同質化代幣。[12] 但是，同一張圖片發行的代幣圖像、價值皆相同，因此師園鹹酥雞發行的代幣不應稱爲非同質化代幣，而是應稱爲同質化代幣。

　　非同質化代幣衍生出動態非同質化代幣（dynamic non-fungible token，dNFT）。一般的非同質化代幣在發行後無法修改代幣的內容。動態非同質化代幣可以根據代幣發行標的的改變而改變內容。例如，將房屋所有權轉換成非同質化代幣，提供房屋所有權人以數位化的方式持有資產，若此非同質化代幣爲動態的，則隨著房屋的屋齡、市價等相關數據變動，此非同質化代幣的內容也會隨之改變。[13]

第三節　非同質化代幣的交易與發行

　　非同質化代幣的交易與加密貨幣相同，主要藉由交易平台進行交易。非同質化交易平台可分爲無需許可型（permissionless）、半篩選型（semi-curated）、及完全篩選型（fully-curated）三種類型（黃莞婷等人譯，2022）。

　　1. 無需許可型。使用無需許可型非同質化代幣交易平台的發行者不需獲得許可才能夠發行非同質化代幣，是一種任何人都可以發行非同質化代幣的交易平台。最知名的乃公海（Opensea）非同質化代幣交易平台。數位資產

---

11 參閱去中心化金融社區，〈比較 ERC-721 和 ERC-1155〉，https://www.panewslab.com/zh_hk/articledetails/D34139742.html。

12 參閱 Oursong，https://www.oursong.com/@Jimmy123。

13 參閱 Joe，〈掀起下一波 NFT 發展浪潮的動態 NFT 是什麼？詳解重要特色與應用案例〉，https://www.blocktempo.com/what-is-dynamic-nft/。

調查公司區塊（The Block）的數據顯示，2022 年 2 月，公海非同質化代幣交易平台的非同質化代幣交易額為 3.08 百萬美元，而當月全球前十大非同質化代幣交易平台的總交易額為 5.15 百萬美元，公海非同質化代幣交易平台就佔有 60% 的交易額。[14]

　　2. **半篩選型**。欲使用半篩選型非同質化代幣交易平台發行的新發行者，需要已經於交易平台發行的舊發行者給予邀請碼，才可以在此種交易平台進行發行與交易。

　　3. **完全篩選型**。完全篩選型非同質化代幣交易平台會對發行者進行篩選，符合非同質化代幣交易平台規定的發行者才可以發行。例如，Nifty Gateway 非同質化代幣交易平台規定發行者必須提出驗證申請，Nifty Gateway 會審核發行者資訊的正確性，以及非同質化代幣的發行技術與方式（包括程式碼、白皮書的內容）是否符合標準。

　　非同質化代幣的製作與發行相當簡易，過程如下：[15]

　　1. 首先，發行者需選擇所要發行之標的作品，在非同質化市場中也重視發行標的所有權，未經發行標的所有者同意，不得發行與販售。

　　2. 發行者需決定以何種區塊鏈技術發行。由於非同質化代幣市場愈來愈興盛，可發行非同質化代幣的區塊鏈不再限制於以太坊，使用其他區塊鏈作為發行技術的非同質化代幣提供了投資者更多選擇。例如，使用特索斯（Tezos）區塊鏈技術發行非同質化代幣的人較少，[16] 系統以收取較低的手續

---

14 參閱 The Block，〈NFTs Marketplaces〉，https://www.theblockcrypto.com/data/nft-non-fungible-tokens/marketplaces。

15 參閱 Yahoo 財經，〈NFT 大熱，自己都可製作 NFT 賣賺錢？〉，https://hk.finance.yahoo.com/news/nft%E5%A4%A7%E7%86%B1-%E8%87%AA%E5%B7%B1%E9%83%BD%E5%8F%AF%E8%A3%BD%E4%BD%9Cnft%E8%B3%A3%E8%B3%BA%E9%8C%A2%EF%BC%9F-032751941.html。

16 特索斯區塊鏈是知名度較低的區塊鏈，它以環保為特點，強調使用權益證明的共識機制，與使用工作量證明的以太坊區塊鏈相比，由於不需進行挖礦，因而降低電力的使用。此外，特索斯區塊鏈的手續費低，非同質化代幣發行者的發行成本較低，發行的代幣價格也相對低廉，在非同質化代幣價格愈來愈貴的趨勢下，投資者進而關注以特索斯區塊鏈發行的非同質化代幣。

費來吸引發行者。由於發行成本較低，因此以特索斯區塊鏈技術發行的非同質化代幣，價格普遍低於使用以太坊技術發行的非同質化代幣，使資金較少的投資者可以進行這種代幣的交易。發行者在決定發行的區塊鏈技術時，由於需要使用該區塊鏈技術發行的加密貨幣支付發行非同質化代幣時的手續費，因此也需考慮自己是否擁有以該區塊鏈技術發行的加密貨幣（例如，用以太坊技術發行的非同質化代幣，交易時只能使用以太幣；以特索斯區塊鏈技術發行的非同質化代幣，只能使用特索斯幣進行交易）。

　　3. 決定以何種區塊鏈技術作爲發行技術後，尋找支持此區塊鏈的交易平台進行交易。例如，公海交易平台主要提供使用以太坊技術發行的非同質化代幣進行交易，而使用特索斯區塊鏈技術發行的非同質化代幣，無法在公海交易平台上交易。

　　4. 發行者需將個人電子錢包連結交易平台。

　　5. 發行者需設定非同質化代幣的交易方式，主要分爲三種：固定價格、英式拍賣、及荷蘭式拍賣。固定價格爲發行者設定每枚非同質化代幣的價格，投資者按先後次序取得非同質化代幣。英式拍賣是發行者設定發行的拍賣時段，在此時段內出價最高者獲得非同質化代幣。荷蘭式拍賣則是減價拍賣，發行者設定最高價格，價格由最高價格逐漸下降，願意接受價格的買家可獲得非同質化代幣。[17] 發行者在設定價格時，需注意價格不可過低，由於發行非同質化代幣時，交易平台會收取鑄造代幣的費用與手續費，若價格低於這些費用，發行者將會發生虧損。

　　6. 最後，上傳作品後即可發行。

　　與實體作品交易不同，非同質化代幣不需經過運輸或設置防止失竊的措施，可以節省許多交易成本。價格協商過程迅速便利，只需透過系統自動媒合即可完成交易。此外，發行非同質化代幣的作品（標的）與發行者並無限

---

17 參閱 Opensea，https://support.opensea.io/hc/zh-tw/articles/1500003246082--Timed-Auction-%E9%99%90%E6%99%82%E6%8B%8D%E8%B3%A3-%E6%98%AF%E5%A6%82%E4%BD%95%E9%80%B2%E8%A1%8C%E7%9A%84-。

制，任何人皆可在平台（無需許可型）上發表創作，並據以發行非同質化代幣，使作品創作更有彈性。

非同質化代幣的應用愈來愈廣泛，除了在藝術與遊戲領域大量運用外，在科技業也開始使用此項科技。國際商業機器公司（International Business Machines Corporation，IBM）將專利技術轉換成非同質化代幣，並表示使用此技術能使專利的交易更便利，若將各家公司的專利都以非同質化代幣的方式交易，估計可以創造超過 1 兆美元的商機。[18]

第四節　非同質化代幣的價值

非同質化代幣乃新興的金融商品，隨著非同質化代幣市場愈來愈受投資者關注，許多投資者將非同質化代幣視爲投資標的，且非同質化代幣的應用愈來愈廣泛，但它是否具有價值，成爲爭論的議題。

一、非同質化代幣的價值來源

非同質化代幣的價值是由許多因素所創造的，這些因素沒有一致的說法，但大致可以分爲發行標的價值、稀少性、及技術創新等三大類。

（一）發行標的價值

非同質化代幣的價值主要來自於發行標的之價值，根據投資者對每枚非同質化代幣發行標的喜愛程度的不同，每枚非同質化代幣的價值就會有所差異。此外，發行標的知名程度會帶給其非同質化代幣附加價值，進而提高非同質化代幣的價格。價格較高的非同質化代幣普遍知名度較高，且通常會被視爲身分地位的象徵，能夠提升非同質化代幣的價值。有些非同質化代幣的圖像會受到知名品牌的青睞並在商品中被使用（例如，LV 公司於 2019 年將 Mike Winkelmann 發行的非同質化代幣的圖像應用於 LV 的商品上），這些

---

18 參閱張方毓，〈1 兆美元商機解鎖！IBM 把專利做成 NFT，發明者終於能賺到錢？〉，
　　https://www.businessweekly.com.tw/business/blog/3006219。

知名品牌會帶給非同質化代幣的圖像品牌溢價（brand premium），提高發行標的與非同質化代幣的價值。[19] 此外，非同質化代幣在社群軟體上的名氣也會帶給非同質化代幣附加價值，通常在社群軟體上愈會推廣的開發者，會吸引愈多粉絲，進而提升非同質化代幣知名度，使非同質化代幣的價值提升。[20]

（二）稀少性

投資者普遍認為稀少性乃非同質化代幣具有價值的主要因素，由於非同質化代幣的發行有供給量限制，知名的非同質化代幣在供給限制下，若需求不斷增加，將使價格持續上升，價值也隨之增加。

（三）技術創新

非同質化代幣的發行與交易技術乃其發展的主要價值。它使用的技術（區塊鏈）提供買賣雙方創新的交易方式，所有權的歸屬可以被明確的界定，提高所有權轉移的效率。[21] 此外，非同質化代幣的發行與交易技術為區塊鏈，具有不可竄改的特性，使交易較傳統的交易模式更為安全。[22]

二、支持與反對的論點

在 2021 年之前，購買代幣的動機主要是認可數位化作品或支持作者，相信作品的價值而購入代幣。在非同質化代幣市場熱門起來後，多數投資者並非認同作品而購買，而是作為投資標的，以獲利為導向，代幣價值主要決定於稀少性。但是，多數非同質化代幣（作品集）的交易只在發行時由少數

---

19 參閱區塊客，〈迎接萬物代幣化時代：NFT 的價值支撐是什麼？〉，https://blockcast.it/2021/05/31/how-nft-work-and-where-they-get-their-value/。

20 參閱 Joe，〈如何判斷 NFT 價值？從技術、功能、社群角度給你完整分析框架〉，https://www.blocktempo.com/how-to-valuation-nft/。

21 參閱 Steve Kaczynski 與 Scott Duke Kominers，〈How NFTs Create Value〉，https://hbr.org/2021/11/how-nfts-create-value。

22 參閱 Joe，〈如何判斷 NFT 價值？從技術、功能、社群角度給你完整分析框架〉，https://www.blocktempo.com/how-to-valuation-nft/。

買家大量買入，交易量已達到高峰，這些人普遍不會賣出代幣，或難以找到買家，交易量趨於平緩、流動性低。大部分非同質化代幣都存在長期交易量少的問題，這種主要以稀少性為價值的投資，容易淪為炒作行為、形成泡沫。

微軟創辦人 Bill Gates 認為，非同質化代幣的交易是一種博傻理論（greater fool theory）。亦即，多數投資者購買非同質化代幣的原因是期望市場上出現願意花更高價購買的投資者，非同質化代幣的價值是依照買家的喊價而定，並不具有內在價值。[23] 區塊鏈研究員 Henrique Centieiro 認為，非同質化代幣是持有作品之數位所有權的方式，具有實際價值的乃作品本身，非同質化代幣本身並不具有任何價值。[24]

學術上，Chohan（2021）指出，雖然非同質化代幣的發行提供民眾另一種資產選擇，但長期而言，若投資者可獲得的利益減少，或是市場上出現另一種創新的金融商品，使投資者交易非同質化代幣的意願降低，代幣愈來愈不具備稀少性，價值因而減少。但是，Mazur（2021）認為非同質化代幣主要價值為擴展區塊鏈的應用，非同質化代幣的興起使區塊鏈技術的價值提升，因此支持非同質化代幣的發展。

企業界普遍支持非同質化代幣的發展，並認同未來非同質化代幣將影響金融產業的發展。知名社群網站臉書（Facebook）執行長 Mark Zuckerberg 於 2021 年底表示，臉書將有發展非同質化代幣的可能性，《金融時報》（*Financial Times*）也報導臉書已開始進行非同質化代幣發行的研發。[25] 在台灣，宏碁創辦人施振榮也表示對非同質化代幣發展的支持。他認為元宇宙的發展將加速社會發展，元宇宙未來發展的重心應為作品的內容與虛實整

---

23 參閱陳建鈞，〈幣圈動盪不安！比爾蓋茲再批 NFT 本質是找傻瓜接盤，無法改善世界〉，https://www.bnext.com.tw/article/70018/bill-gates-nft-greater-fool-theory。

24 參閱 Henrique Centieiro，〈Why do I think NFTs are worthless〉，https://medium.com/geekculture/why-do-i-think-nfts-are-worthless-for-real-f276b5ea6f47。

25 參閱 Chris，〈外媒爆：Facebook、Instagram 正在研發 NFT 發幣、交易功能！〉，https://www.inside.com.tw/article/26445-facebook-and-instagram-are-reportedly-exploring-plans-to-make-showcase-and-sell-nft。

合。[26]虛實整合乃在商業活動中結合虛擬的網路與實體的商品或策略共同運作。例如，網路購物或是有些公司會透過網路分析銷售數據，再根據分析結果制定實體的銷售策略。區塊鏈技術與數位化資產和實際的銷售行為結合被視為是未來虛實整合的趨勢，例如，有些商家會發行限量的非同質化代幣，並制定買家在實體店面購物時，若出示非同質化代幣的購買紀錄則可以享有優惠的規定。若將非同質化代幣用於不同的產業，可以解決實體物品所有權的界定問題，提高各個產業的交易效率，因此虛實整合是未來非同質化代幣的發展趨勢。[27]

第五節　非同質化代幣的價格波動

　　市場上有許多非同質化代幣，它們的價格根據對應之發行標的作品價值不同而有差異，價格波動的走勢與原因也不同。非同質化代幣的價格波動相較於加密貨幣的價格波動，比較不會受到金融市場的影響。造成非同質化代幣價格變動的原因，主要為投資者對發行標的價值的認同程度與知名程度。

　　圖5-1為2017年6月至2022年6月所有非同質化代幣的每日平均價格，在2021年「每一天：前5,000天」售出前，非同質化代幣的價格皆低於1,000美元，在2021年3月之後，投資者開始關注非同質化代幣市場，非同質化代幣的價格也因此開始劇烈波動。2021年6月，非同質化代幣的價格受到加密貨幣市場的影響，由於加密貨幣市場進入熊市，多數加密貨幣的價格開始下跌，投資者對加密貨幣的信心減弱，同時也對非同質化代幣失去信心，大量投資者賣出非同質化代幣，導致價格驟降、低迷不振。[28]在非同質

26 參閱張以忠，〈宏碁施振榮：元宇宙、NFT 將加速發展〉，https://www.moneydj.com/kmdj/news/newsviewer.aspx?a=56a3de5d-0eb2-4a71-83a9-9750f70042ac。

27 參閱高崎鈞，〈剖析 NFT 虛實整合應用新趨勢〉，https://www.taipeiecon.taipei/article_cont.aspx?MSid=1162345714775762223&MmmID=1201&CatID=653635047502442316。

28 參閱 Ornella Hernandez，〈Crypto Market Downturn Leads to Steep Drop in Blue-chip Ethereum NFTs〉，https://blockworks.co/nft-floor-prices-drop/。

化代幣市場熊市期間，有些投資者認為未來的價格會上漲，因而進場購買非同質化代幣，且一些名人（例如，好萊塢與 NBA 的明星）開始發行與購買非同質化代幣，投資者紛紛對非同質化代幣市場恢復信心，因此從 2022 年 3 月開始，價格逐漸回到 2021 年上半年的水準。[29]

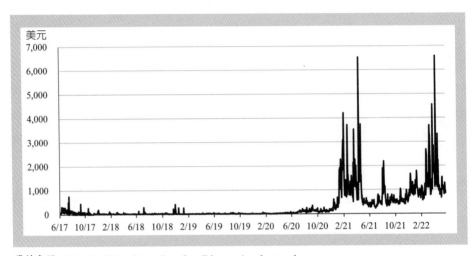

資料來源：Nonfungible，https://nonfungible.com/market-tracker。

圖 5-1　所有非同質化代幣平均價格—— 2017 年 6 月至 2022 年 6 月

　　圖 5-2 為 2022 年 6 月交易額最高的非同質化代幣——無聊猿（Bored Ape Yacht Club，BAYC）作品集於 2021 年 4 月至 2022 年 6 月的平均價格變動。[30] 從無聊猿作品集非同質化代幣開始發行（2021 年 4 月）至 2022 年 4 月，其價格逐漸上升，主要的原因乃名人的支持，許多 NBA 球員與明星紛紛購買無聊猿非同質化代幣，使它成為身分的象徵，投資者認為此種代幣受到很多名人的支持而認同它的價值，且購買此種代幣可以展現自己的身分

29 參閱北京新浪網，〈2022 年一季度 NFT 銷售量萎靡：炒作熱潮會退去嗎？〉，https://news.sina.com.tw/article/20220511/41809218.html。

30 由於無聊猿作品集中包含了許多作品，每枚非同質化代幣的價格都不同，故以所有無聊猿非同質化代幣當日的平均價格作為無聊猿作品集的價格走勢。

地位，因此也跟進購買無聊猿作品集非同質化代幣。[31] 當需求愈來愈多，但供給數量有限，導致價格逐漸上升。2022 年 5 月，此種代幣的平均價格大幅下降，原因普遍認為是受到月亮穩定幣（Luna）崩盤的影響，多數投資者對穩定幣市場的恐慌，連帶影響對加密貨幣市場與非同質化代幣市場的信心。[32]

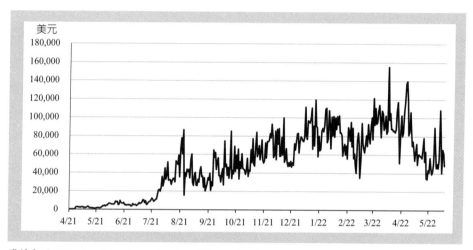

資料來源：Nonfungible，https://nonfungible.com/market-tracker/boredapeclub。

圖 5-2　無聊猿非同質化代幣平均價格—— 2021 年 4 月至 2022 年 6 月

　　圖 5-3 為加密龐克作品集的平均價格走勢。加密龐克作品集是早期（2017 年）發行的非同質化代幣，當 2021 年非同質化代幣市場開始受到關注，投資者紛紛進入非同質化代幣市場進行投資時，市場上的非同質化代幣不多，導致加密龐克作品集非同質化代幣的平均價格上升。由於受到投資者的信任，加密龐克作品集的非同質化代幣價格不斷上漲。但從 2021 年 12 月開始，此種代幣的價格呈現下降的趨勢。有人認為這是因為社會大眾對非同

---

31 參閱 36 氪，〈名人效應帶動無聊猿水漲船高！看似無意義的猿猴 NFT，貴在身份象徵〉，
　　https://www.bnext.com.tw/article/68446/nft-ta-apes-kr。
32 參閱 Ajibola Akamo，〈Bored Ape Yacht Club's floor price drops by 55% in May〉，https://
　　nairametrics.com/2022/05/19/bored-ape-yacht-clubs-floor-price-drops-by-55-in-may/。

質化代幣的關注開始減弱；[33] 也有人認爲這與加密貨幣的熊市有關，[34] 降低投資者對加密龐克作品集非同質化代幣的需求。但是，2022 年 2 月 12 日，此代幣的平均價格突然陡升，其原因乃編號 5822 的加密龐克非同質化代幣（1枚）被一位投資者以 8,000 枚以太幣的價格收購（相當於 2,300 萬美元），大力推升了加密龐克作品集非同質化代幣的平均價格。[35]

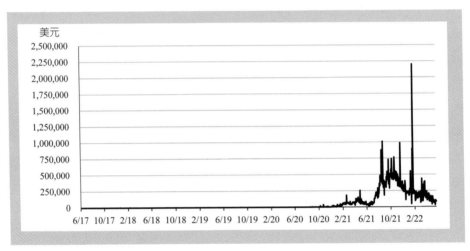

資料來源：Nonfungible，https://nonfungible.com/market-tracker/cryptopunks。

圖 5-3　加密龐克非同質化代幣平均價格──2017 年 6 月至 2022 年 6 月

第六節　非同質化代幣的展望

非同質化代幣的發展仍處於初期階段，目前在藝術與遊戲類型的非同質

33 參閱 Jamie Redman，〈Bored Ape and Cryptopunk Values Wobble — During the Last Month, Blue-Chip NFT Floor Values Dropped Over 50%〉，https://news.bitcoin.com/bored-ape-and-cryptopunk-values-wobble-during-the-last-month-blue-chip-nft-floor-values-dropped-over-50/。

34 參閱 Yashu Gola，〈CryptoPunks floor price slips below 80 ETH as NFT trading volume deflates by 50%〉，https://cointelegraph.com/news/cryptopunks-floor-price-slips-below-80-eth-as-nft-trading-volume-deflates-by-50。

35 參閱 Theo，〈A Single CryptoPunk NFT Just Went For A Jaw-Dropping 8000 ETH〉，https://nftevening.com/a-single-cryptopunk-nft-just-went-for-a-jaw-dropping-8000-eth/。

化代幣較多。非同質化代幣的應用廣泛，可以運用在不同的領域，以非同質化代幣作爲數位所有權的交易工具乃各個產業的未來趨勢。紅迪（Reddit）社群平台的顧問 Greg Isenberg 認爲非同質化代幣的未來發展可分爲免費發行、公眾領域貢獻宣告（Creative Commons Zero，CC0）、及電子商務等三大面向。[36]

1. **免費發行**。隨著加密貨幣價格的崩跌，非同質化代幣的熱度逐漸減退，Isenberg 認爲未來的非同質化代幣交易平台應規定發行者在發行時不需手續費，以降低發行的成本，發行者較有可能給予投資者好處（例如，發放更多空投），提高投資者進入非同質化代幣市場的意願。

2. **公眾領域貢獻宣告**。公眾領域貢獻宣告乃創用 CC 授權條款（Creative Commons License）中最寬鬆的條款。創用 CC 授權條款爲作品的作者允許他人分享與使用的著作權授權條款，內容包括：使用作品需標示原作者姓名；不可用於商業目的；禁止更改作品；及之後使用原作品創作的作品，再次進行創作時，也需要遵守原作者的授權條款。

公眾領域貢獻宣告允許任何人都可以使用與分享作品，不需遵守任何創用 CC 授權條款。Isenberg 認爲非同質化代幣應採用公眾領域貢獻宣告，這樣可以減少創作者進行二次創作時的阻礙，[37] 提高非同質化代幣市場上發行者對其他非同質化代幣的圖像進行二次創作的動機，使非同質化代幣市場更加活絡、受關注程度提升。但是，若所有非同質化代幣的圖像都採用公眾領域貢獻宣告條款，可能會有抄襲的疑慮。

由於發行非同質化代幣時，若多枚代幣都採用相同的圖像，每枚代幣都會以相同的位元組合來表示，且非同質化代幣交易平台上每筆交易都無法再進行更改，若發行者使用與他人發行之非同質化代幣的圖像再次發行，系統會記錄同一個位元組合的非同質化代幣重複發行，這種代幣可由發行的紀錄看出爲複製品。

---

36 參閱 Perry，〈談談 NFT 未來三趨勢，免費鑄造、無授權限制、與電子商務結合〉，https://abmedia.io/20220314-the-future-of-nft。

37 二次創作乃對已經存在的作品再加以修改、創作。

　　若發行者對他人的創作進行修改，這種非同質化代幣會以不同的位元組合來表示，在系統的紀錄上修改後發行的代幣與原創作品發行的代幣屬於不同種代幣。這種修改他人非同質化代幣之圖像的行為會依據修改的程度被認定為抄襲或二次創作。因此，非同質化代幣交易平台在發行代幣時，應提供發行者自行選擇創用 CC 授權條款的選項。

　　3.**電子商務**。Isenberg 認為非同質化代幣與電子商務合作對雙方都是有利的，兩者之間的結合可以提升非同質化代幣市場的知名度，並提高以非同質化代幣進行交易的使用程度，使用非同質化代幣可以促進電子商務跨平台的行銷策略。例如，多家電商平台共同發行一種非同質化代幣，並將此代幣作為憑證，持有此代幣的消費者可以獲得優惠。

　　加密貨幣研究員 Max Petrusenko 認為，以非同質化代幣進行數位所有權的交易是未來的趨勢，且在非同質化代幣市場中的投機者將會減少，在遊戲、法律、零售等領域的應用會增加。[38] 事實上，自從加密貨幣市場進入熊市開始（2021 年 12 月），有些投機者瞭解非同質化代幣市場存在流動性低的問題，非同質化代幣的次級市場交易不活絡，想賣出非同質化代幣的投機者找不到買家而難以套利，將迫使這些投機者退出非同質化代幣市場。

第七節　結語

　　非同質化代幣是由加密貨幣發展而成的新興金融商品，其使用的技術與加密貨幣相同——區塊鏈技術。但是，與加密貨幣相異之處為每枚非同質化代幣的圖像與價格皆不同。非同質化代幣的發行主要採用 ERC-721 與 ERC-1155 的協議，協議中規定系統需給予每枚非同質化代幣不同的代幣認證編號。使用 ERC-721 協議的代幣皆為非同質化代幣，每枚非同質化代幣所代

---

38 參閱 Max Petrusenko，〈The future of NFTs〉，https://medium.com/dare-to-be-better/the-future-of-nfts-bcfcd4e3eaf9。

表的發行標的都不同：使用 ERC-1155 協議發行的代幣雖然統稱爲非同質化代幣，但事實上包括了非同質化代幣與同質化代幣，若發行者發行的每枚代幣所代表的作品都不相同，則爲非同質化代幣，若發行者以同一件作品發行多枚代幣，則應稱爲同質化代幣。

非同質化代幣的發行與交易需透過非同質化代幣交易平台，依據對發行者的篩選模式，投資者可以挑選適合的非同質化代幣交易平台進行交易。非同質化代幣的發行步驟也很簡易，成爲發行者的門檻不高，一般大眾都可以成爲非同質化代幣的發行者。

關於非同質化代幣是否具有價值的討論很多。但是，創造非同質化代幣價值的因素普遍被認爲是來自於非同質化代幣所代表的作品本身價值、非同質化代幣的稀少性、及非同質化代幣所使用的技術。非同質化代幣技術的應用廣泛，可以提高各產業的交易效率，使非同質化代幣受到企業界的普遍支持。但是，當大量投機者進入非同質化代幣市場，這些投機者交易非同質化代幣的目的是希望透過非同質化代幣的稀少性，在非同質化代幣的價格提高後賣出，以進行套利，而不是認同發行標的本身的價值。在這種情況下，非同質化代幣的價格可能會大於其應有的價值，產生泡沫化的現象，這是許多人反對非同質化代幣的重要原因。

各種非同質化代幣價格波動的原因不同，走勢也不一樣。在許多影響非同質化代幣價格的因素中，名人購買與加密貨幣市場被認爲是重要的因素。許多非同質化代幣在名人購買後，引起投資者的關注並看好非同質化代幣的發展，這些投資者會跟隨購買非同質化代幣，導致非同質化代幣的價格上升。2021 年底，加密貨幣市場陷入熊市，投資者對數位貨幣的信心降低，使非同質化代幣市場也陷入了熊市，導致許多非同質化代幣的價格驟降。

可以預期，未來非同質化代幣將會被運用到各個產業，不再只是藝術品的非同質化代幣。因此，提高非同質化代幣的普及程度是未來非同質化代幣市場發展的目標，可以透過免費發行非同質化代幣、非同質化代幣的圖像採用公眾領域貢獻宣告的授權方式、及與電子商務合作，都是可能達成此一目標的手段。

第六章
數位貨幣對金融市場
與經濟的影響

　　數位貨幣的發展時間不長，許多加密貨幣衍生性商品與各國的政府幣仍在試驗階段，且數位貨幣市場在金融市場中屬於小型市場，投資加密貨幣與穩定幣的投資者不多，對金融市場與經濟尚無顯著的影響，針對數位貨幣造成之影響的研究也大多是對未來的預測。

第一節　加密貨幣對金融市場的影響

　　數位貨幣的蓬勃發展對社會造成諸多影響，首當其衝的是金融市場，因政府幣普遍仍在研發階段，故針對政府幣對金融市場影響的研究甚少，大部分文獻皆針對加密貨幣如何影響股市、匯市、及債市進行研究。至 2022 年，針對加密貨幣對金融市場影響的研究仍不多，大部分研究皆是在相同議題上以不同的研究方法進行分析，得到的結論大致相同。

一、加密貨幣市場與股市的關係

　　加密貨幣被視為是一種金融商品，為金融投資的一種標的。根據資產組合平衡模型（portfolio balance model），在財富一定下，一種資產的持有增加，其他資產的持有將減少，資產彼此之間存在替代關係。加密貨幣與股票之間是否存在這樣的替代關係呢？

　　Tiwari 等人（2019）以時間數列方法分析加密貨幣市場與標準普爾 500 指數（S&P 500）之間的相關性，實證結果發現兩市場之間存在不對稱波動性（asymmetric volatility），[1] 加密貨幣市場對股市的負面衝擊大於正面衝擊。加密貨幣價格與股票價格的相關係數隨時間變動而不同（即具有動態相關性），有時呈負相關，有時則幾乎無相關性，即使兩市場的價格變動具有相關性，仍屬於低度相關。兩市場之間的替代關係與價格變動低度相關

---

[1]　兩市場間存在不對稱波動性乃一市場對另一市場正面與負面影響造成的波動程度不同，正面影響造成的波動大於負面影響造成的波動，或負面影響造成的波動大於正面影響造成的波動的現象，都稱為不對稱波動性。

性，使加密貨幣可作為股票的對沖工具規避風險，提供投資者不同的資產組合規劃。

　　Wang 等人（2021）也對加密貨幣市場與股市之間的價格變動相關性進行研究，發現加密貨幣市場對股市具有傳染效果（contagion effect），顯示加密貨幣市場會影響股市，未來加密貨幣市場價格可能成為股市研究的指標之一。Sami 與 Abdallah（2020）的研究也得出加密貨幣市場與股票市場存在替代關係的結論。他們針對中東一帶的國家進行研究，發現此地區的公司普遍將加密貨幣視為新興投資工具，且當中東國家的加密貨幣市場總市值增加10%，中東國家的股市總市值會下跌0.17%。此外，Sami 與 Abdallah（2022）也研究非洲的加密貨幣市場，發現非洲的加密貨幣市場總市值增加 10%，非洲的公司（包括了 86% 在非洲的公司）總市值會減少 0.76%，其中以較易受到全球經濟影響的產業為主（例如，金融業、能源業等），當非洲可交易加密貨幣增加，這些產業的股價將會更加處於弱勢。

　　有些企業會購買比特幣作為公司的金融投資標的，例如，知名數據分析公司微策略（MicroStrategy）與特斯拉皆購買比特幣作為公司資產，這些加密貨幣資產依市價評價（mark to market），當價格下跌時，公司將遭受損失。2022 年 6 月 13 日，每枚比特幣價格從 26,606 美元跌至 22,448 美元，[2] 一天內價格就下跌 4,158 美元，造成持有比特幣的公司股價下跌，其中微策略以持有超過 12.9 萬枚比特幣成為全球持有比特幣數量最多的公司，[3] 在此次比特幣的價格陡降的事件中損失慘重，股價由 203.36 美元跌至 152.15 美元。[4]

二、加密貨幣市場與外匯市場的關係

　　根據資產組合平衡理論，加密貨幣與實體貨幣之間存在替代的關係，加

2　參閱 Investing，〈Bitcoin〉，https://www.investing.com/crypto/bitcoin/historical-data。

3　參閱 Buy Bitcoin Worldwide，〈Bitcoin Treasuries〉，https://www.buybitcoinworldwide.com/treasuries/#public。

4　參閱 Yahoo 股市，〈MicroStrategy Incorporated〉，https://tw.stock.yahoo.com/quote/MSTR。

密貨幣的發展，將會使民眾對實體貨幣的需求減少，進而引起外匯市場匯率的變動。Liang 等人（2019）研究加密貨幣對股市與匯市的影響分成四個層面。首先，在時間波動性方面，股市、匯市、及加密貨幣市場面對金融衝擊時的變動是一致的。其次，在集中度上，加密貨幣市場愈來愈分散。發展初期市場上的加密貨幣很少，隨著關注程度提升，加密貨幣的種類更加多元。第三，在金融穩定性上，加密貨幣市場最不穩定，會因大型企業或知名人士發表的言論而使價格波動，而外匯市場相對穩定。最後，在群聚結構（clustering structure）上，加密貨幣在全球流通，不具有地區的差異性。

Drożdż 等人（2019）除了研究加密貨幣市場與實體貨幣外匯市場之間的關係，更進一步研究在加密貨幣市場上加密貨幣之間的兌換關係。他們發現加密貨幣市場與外匯市場之間的相關性較小，但比特幣與以太幣之間的兌換趨勢，與十年前美元與歐元之間兌換關係的波動相似。

加密貨幣影響外匯市場的一個很好的例子是阿根廷。2022 年 7 月，阿根廷法幣——披索在黑市貶值的問題愈來愈嚴重，導致民眾不願意持有披索，故以官方匯率買進便宜美元，再利用這些美元買進加密貨幣，然後賣出加密貨幣取得美元，之後在黑市以更高的兌換比率（披索／美元）兌換回更多披索，再用披索以官方匯率買進美元，……。如此循環套利，加劇了披索的貶值問題，影響阿根廷的外匯市場。針對此一情勢，阿根廷政府為了阻升美元、阻貶國幣，自 2022 年 7 月 22 日起，禁止以官方匯率買進美元的買家，在買進後的 90 天內買進加密貨幣；只會以官方匯率賣美元給 90 天內沒有買進加密貨幣的民眾，若在 90 天內曾經購買加密貨幣的民眾，需要使用更多的披索（比官方匯率更高的匯率）才能兌換 1 美元。[5]

三、加密貨幣市場與債券市場的關係

債券普遍被視為金融市場上的避險工具，加密貨幣也被認為是新興的避

5　參閱 YTG，〈阿根廷央行祭出新禁令：限制加密貨幣投資人買美元〉，https://blockcast.it/2022/07/25/argentinian-crypto-users-excluded-from-buying-dollars-in-official-markets/。

險工具，理論上，債券與加密貨幣之間存在替代關係。Corbet 等人（2018）與 Kurka（2019）的研究顯示，加密貨幣市場與股市、外匯、債市、及黃金市場的波動性沒有顯著的相關性，因此加密貨幣在金融市場上可作爲其他金融商品的避險工具。

Liu 與 Serletis（2019）的研究顯示，債券市場非預期的正面衝擊會提高投資者的投資信心，因而會投資更多風險性的金融商品，促進加密貨幣市場的交易，而使比特幣價格上升 5.3%。此外，他們也研究各國金融市場與加密貨幣市場之間的外溢效果（spillover effect），發現大部分的國家，債券市場不會影響加密貨幣市場，只有德國的債券市場對加密貨幣市場存在微小的外溢效果，而加密貨幣市場對債券市場的外溢效果，在每個國家都是不顯著的。

雖然多數研究指出，加密貨幣可作爲金融市場上的避險工具，但是，加密貨幣的價格波動劇烈，若作爲避險工具將會存在高度的交易風險。穩定幣（法幣抵押型）的價格較爲穩定，具有成爲金融市場上股票、外匯、及債券之避險工具的潛力。

第二節　數位貨幣對商業銀行的影響

雖然目前數位貨幣的發展尚未對商業銀行產生顯著的影響，但一般普遍認爲數位貨幣在未來將影響商業銀行的重要性與運作模式，並預估未來商業銀行將以數位金融服務爲發展趨勢。

一、數位貨幣對銀行業務與重要性的影響

借貸是銀行主要的業務，也是獲利的主要來源。如果未來的貸款可以透過智能合約完成交易，不再需要由商業銀行經手，將使商業銀行作爲金融中介的功能愈來愈少。紐約時報編輯 Emily Flitter 於 2021 年 11 月表示，在加密貨幣發展初期，商業銀行普遍將數位貨幣視爲威脅，由於區塊鏈技術可以

使用於銀行的各項業務，金融服務不需經由銀行控管，將弱化商業銀行在金融體系中的地位。[6]

　　政府幣對商業銀行也會造成影響，由於政府幣與現金具有相當高的替代性，故政府幣的發展會縮減銀行規模、降低銀行的地位（Dyson 與 Hodgson，2016）。但是，中技社於 2021 年指出，若銀行進行數位改革，將各項服務數位化，線上與線下服務結合，銀行在金融市場中仍具重要性，金融市場仍需銀行來達成普惠金融（financial inclusion）。[7] 在提供數位服務時，由系統執行交易，使傳統的金融交易可能出現銀行根據客戶資金多寡提供差別服務的情形，比較不會發生。[8]

二、區塊鏈對銀行作業效率的影響

　　關於區塊鏈技術對商業銀行的影響，在 Don Tapscott 與 Alex Tapscott 於 2016 年發表的《區塊鏈革命：比特幣技術如何影響貨幣、商業與世界》（*Blockchain Revolution: How the Technology Behind Bitcoin Is Changing Money, Business, and the World*）一書中，對區塊鏈如何改變金融產業有一番見解。他們認為此技術將使金融業中的八個面向有更進一步的發展。詳言之（陳以禮、李芳齡譯，2017）：

　　1. **身分認證**。使用區塊鏈技術可以不用於每次交易時，都需對參與者進行身分驗證。需要驗證身分時，也會使用加密技術對資訊加密再傳遞，這樣可以強化參與者之間的信任。

　　2. **流通價值**。區塊鏈可以促進各種金融商品（例如，現金或衍生性商品等）的流通更頻繁，將金融商品數位化後，交易較不會受到商品金額大小、交易距離遠近、及交易對象的影響，使交易更簡便。

6　參閱 Emily Flitter，〈Banks Tried to Kill Crypto and Failed. Now They're Embracing It Slowly〉，https://www.nytimes.com/2021/11/01/business/banks-crypto-bitcoin.html。
7　普惠金融乃社會大眾皆可平等地使用金融服務的概念。
8　參閱中技社，〈央行數位貨幣之內涵與影響因應研究〉，https://www.ctci.org.tw/8838/research/26382/43688/。

3. **儲存價值**。使用區塊鏈技術發展去中心化金融，可以將數位貨幣作為儲存現金的工具，提供民眾存款之外的儲蓄方式。但是，至 2022 年為止，使用區塊鏈技術發行的數位貨幣，價格都仍不穩定，民眾以數位貨幣的形式儲存現金仍不普遍，故區塊鏈是否會影響銀行的存款服務，將取決於未來數位貨幣的價格能否維持穩定。

4. **信評價值**。在區塊鏈上的交易紀錄都會保留，所有參與者都可以看到紀錄，因此個人或企業向金融機構申請貸款時，金融機構可以直接根據他們在區塊鏈上的交易紀錄決定授信，不必先委託信評機構取得信用評等，這樣可以節省成本並減少資訊不對稱可能產生的授信風險。[9]

5. **縮短交易時間**。使用區塊鏈可以在幾分鐘內完成交易流程，而目前許多的商業銀行交易，往往需要等待數天或數週的時間才能完成。實施去中心化金融使許多原本費時甚長的交易時間縮短至一天以內，對缺乏銀行服務的地區而言，民眾更能節省交通時間，在任何地點都可完成交易。

6. **集資**。通常有集資需求的公司為新創公司，這些公司的知名度低，難以吸引投資者的關注，需要透過投資公司等中介機構來媒合募集資金。在去中心化金融中，這些公司的資訊將儲存於區塊鏈，由於公有區塊鏈上的資訊透明，使它們有被投資者關注的機會，不再需要中介機構的介入。投資者可以透過系統自動媒合適合的投資標的，減少人為操作的失誤，使交易更有效率。

7. **風險管理**。在一般保險服務中，由於經常存在交易雙方的資訊不對稱，保險公司難以估計風險。區塊鏈技術可以使保險的交易透明化，保險公司能夠完整地取得客戶資訊，更加準確地估算風險，進而設計出更適合民眾的保險商品。

8. **會計**。傳統的會計準則難以隨著去中心化金融的發展而更改，以智能合約的方式設計會計準則，可以更即時地調整內容。另在智能合約下，公司提供的財務報告不易竄改且資訊透明，能夠更加瞭解公司的營運、財務狀

9　資訊不對稱將產生逆選擇（adverse selection）與道德風險（moral hazard）的問題。

況，也可以更有效地強化公司的法規遵循。

　　Zumo 電子錢包創始人 Paul Roach 表示，區塊鏈技術將取代現有的金融
作業系統，交易紀錄完整揭露，避免不正當的金流，使用區塊鏈技術的交易
較傳統金融交易更安全。[10] 數位金融可以提高交易效率，但資訊不安全與交
易系統使用的程式存在漏洞都會產生交易風險，銀行需加強數位金融服務的
程式完整性與安全性。

三、政府幣的利息給付

　　政府幣如同現金。人們持有現金，如將現金存於銀行將有利息收入；人
們以電子錢包持有政府幣，是否應給付利息？如果給付利息，利率應訂定多
高？如果不給付利息，將降低人們持有政府幣的意願；如果給付政府幣的利
率高於銀行存款（活期存款）利率，人們持有現金乃至銀行存款的意願將會
降低，而銀行的存款減少將會降低銀行的貨幣創造能力，進而影響中央銀行
貨幣政策的效力。因此，利息的給付與利率水準是政府幣發行的一個重要議
題。

　　中國人民銀行行長易綱表示，政府幣對貨幣政策的影響主要取決於政府
幣的定位。若政府幣的使用類似於現金，對貨幣政策較不具有影響力；若政
府幣除了可作為現金使用，在錢包中可進行存款等金融服務，將會降低銀行
規模。為了減少政府幣與銀行的競爭，人民銀行將數位人民幣定位為現金的
替代品，不給付利息。[11]

　　印度準備銀行（Reserve Bank of India，RBI）前任行長 Duvvuri
Subbarao 表示，政府幣計息將對銀行有不利的影響，由於付息的政府幣與銀
行的存款業務高度重合，若政府幣計息，民眾會將存款轉移成政府幣的方式
持有，進而影響銀行作為金融中介的地位。此外，Subbarao 也認為民眾並不

---

10 參閱 John Glover，〈Can crypto really replace traditional financial institutions?〉，https://www.
　 insider.co.uk/special-reports/can-crypto-really-replace-traditional-25979757。
11 參閱賴瑩綺，〈易綱談數位人民幣，堅持不付利息〉，https://ctee.com.tw/news/china/545881.
　 html。

會因為持有政府幣而提高消費與投資，因此政府幣計息對經濟的好處遠小於壞處。[12]

　　當政府幣廣為人們持有時，貨幣政策可以直接由中央銀行影響民眾，不必再透過銀行調整存款利率以達成貨幣政策的目標，但這將影響銀行的存款業務，長期下可能會使銀行只能以狹義銀行（narrow banking）的模式運作。狹義銀行是指銀行的存款需有 100% 的存款準備金，這樣銀行將無法使用民眾的存款作為資金進行放款業務。當多數銀行都採取狹義銀行的模式，銀行進行放款的資金來源只剩下股東權益，民眾貸款的成本勢必大幅增加，將會使投資減少，影響經濟發展。[13] 銀行的存款業務有存在的必要性，為了避免民眾使用政府幣取代銀行存款，政府幣的利率不應高於銀行的活期存款利率。

　　Chiu 等人（2022）研究發行政府幣對銀行的影響，他們以不完全競爭模型估計政府幣的最適利率，發現當政府幣利率設定在 0.3% 至 0.56% 的區間時，政府幣的發行會刺激銀行競爭，銀行將提高存款利率、降低放款利率，以吸引民眾增加存款與貸款，導致銀行體系的總存款與總貸款都會增加，銀行的收益也隨之增加。因此，若政府幣的利率設定得當，銀行與政府幣應是互利的關係。但是，若政府幣的利率設定低於最適區間，民眾持有政府幣的誘因不足，政府幣將難以普及；若政府幣的利率設定高於最適區間，持有政府幣的報酬較高，會存在民眾將銀行存款轉換成政府幣的誘因，此時若又逢金融危機發生，民眾對銀行的信任降低，將提領出大量現金轉換成政府幣，若銀行的準備金不足，將會導致擠兌發生。

---

12 參閱 Bhaskar Dutta 與 Chiranjivi Chakraborty，〈RBI's CBDC must not bear interest, else it will break banking system: Subbarao〉，https://economictimes.indiatimes.com/markets/cryptocurrency/rbis-cbdc-must-not-bear-interest-else-it-will-break-banking-system-subbarao/articleshow/86453267.cms。

13 參閱區塊妹，〈從經濟面向談：央行數位貨幣的利弊因素〉，https://blockcast.it/2019/11/30/alicia-garcia-herrero-shared-thoughts-on-central-bank-digital-currencies-around-the-world/。

四、政府幣與銀行擠兌

　　政府幣的發行可能產生銀行擠兌的問題，如何解決此問題也是各國政府在發行政府幣前所要研究的。2018 年，歐洲央行執行委員會（Executive Board of the European Central Bank）的 Yves Mersch 發表聲明表示，政府幣屬於無風險資產，若將現金儲存於銀行，可能有銀行倒閉的風險，故在金融市場發生動盪時，大量民眾可能會從銀行提領現金兌換成政府幣，而產生銀行擠兌問題。[14]

　　Kumhof 與 Noone（2018）針對銀行擠兌問題提出解決方案，他們認為政府幣應根據三項準則發行：

　　1.中央銀行應具有可以調整政府幣利率的權力。中央銀行發行政府幣時，應考慮將利率設計為可調整的，而非採取無法調整的固定利率，無法根據經濟狀況進行調整。中央銀行能夠透過調整政府幣利率的方式，在金融市場發生恐慌時，適時調整政府幣利率，以穩定金融市場。

　　2.銀行不可以保證銀行存款全部都能夠轉換成政府幣。若銀行沒有訂定以存款兌換政府幣的限制，當持有政府幣的好處較持有銀行存款大時，民眾可能向銀行提領大量存款以換取政府幣；若銀行的準備金不足，將導致擠兌的情形發生。

　　3.銀行的存款準備金不可以政府幣持有。由於政府幣的發行主要運用網路技術，一旦系統發生問題或是遭受惡意攻擊，持有政府幣的人將會遭受損失。若銀行以政府幣作為存款準備金，在系統故障或駭客攻擊時，可能使存款準備金減少，銀行沒有足夠的準備金來滿足民眾的提款需求，進而引發民眾恐慌、造成銀行擠兌的現象。

---

14 參閱 Yves Mersch，〈Virtual or virtueless? The evolution of money in the digital age〉，https://www.ecb.europa.eu/press/key/date/2018/html/ecb.sp180208.en.html。

第三節　數位貨幣對總體經濟的影響

　　至 2022 年，數位貨幣只有十幾年的發展歷史，目前對總體經濟的衝擊並不明顯，但已有學者針對數位貨幣的發展，提出相關的經濟理論。

一、代幣經濟

　　數位貨幣在經濟體系的運作模式被稱爲代幣經濟（tokenomics）。代幣經濟一詞最早是由心理學家 Ayllon 與 Azrin（1968）提出，他們在醫院進行研究時發現，醫院制度使病人受到冷漠的照顧，爲了解決護理資源缺乏的問題，他們認爲應實施代幣制度，若病人做出自理行爲（例如，自己洗漱），則院方給予代幣，病人能以代幣兌換獎品。

　　在數位貨幣領域中的代幣經濟與心理學家的定義不同，一般認爲它是指與代幣有關的經濟活動。在加密貨幣市場中，由礦工挖礦產生原始的供給，投資者進入市場交易加密貨幣產生需求。但是，代幣並不等同於加密貨幣，代幣的發行目的乃儲存價值，而加密貨幣則是以作爲支付工具爲發行目標，[15] 它是屬於代幣的一種。代幣經濟決定於以下的因素：[16]

　　1. 開發團隊的專業程度。開發團隊對數位貨幣的發行技術愈熟悉，開發出的產品愈不容易發生技術問題。此外，當開發資訊愈透明，區塊鏈上的參與者對此數位貨幣背後的智能合約內容愈清楚，挖礦與交易的風險愈低，將會影響到數位貨幣的供給與需求。

　　2. 社群流量。社群包括開發團隊、區塊鏈上參與者、投資者、及區塊鏈

---

15 加密貨幣在發展初期的目標是作爲去中心化的貨幣，因此開發者設計加密貨幣時，會考慮將貨幣具備的功能運用於加密貨幣。但是，加密貨幣的價格不穩定，加密貨幣才被視爲金融商品而非貨幣。

16 參閱 Leo Sun，〈投資加密貨幣必懂，學校沒教的貨幣經濟學〉，https://matters.news/@leosun18/%E6%8A%95%E8%B3%87%E5%8A%A0%E5%AF%86%E8%B2%A8%E5%B9%A3%E5%BF%85%E6%87%82-%E5%AD%B8%E6%A0%A1%E6%B2%92%E6%95%99%E7%9A%84-%E8%B2%A8%E5%B9%A3%E7%B6%93%E6%BF%9F%E5%AD%B8-tokenomics-%E4%B8%8B%E7%AF%87-bafyreicasejkyrkskdogyf2r5ezocj2wvtmmabxmfrtckiybwtngxjpvvy。

分析者等，在社群上的討論度高低，對供給與需求有不同程度的影響，討論度愈高會吸引更多礦工在此鏈上挖礦，投資者也會選擇此種數位貨幣進行交易。當數位貨幣的討論度愈高，將會吸引資訊科技人才大量湧進數位貨幣市場，數位貨幣的技術愈可獲得改善及創新。

　　3.白皮書。數位貨幣白皮書的內容包含共識機制、發行技術、未來發展目標、及開發團隊實際運作的情況與困難。這些內容可作為礦工與投資者是否參與交易的決策參考。

　　4.交易平台。不知名或不安全（例如，無發表白皮書）的數位貨幣較不易被交易平台接受，可以在愈多交易所進行買賣的數位貨幣，交易具有較高的安全性，愈容易吸引更多的礦工及投資者投入。

　　5.市值。市值乃影響供需的重要因素，市值大於 100 億美元的數位貨幣為大盤幣（例如，比特幣、以太幣），交易時較為安全，但價格相對昂貴。市值介於 10 億至 100 億美元之間的數位貨幣為中盤幣，通常中盤幣的發行時間較大盤幣晚，可參考現有數位貨幣的區塊鏈技術並加以改良，部分中盤幣被認為可取代大盤幣（例如，索拉納幣被稱為以太幣殺手，因其具有手續費低與交易速度快兩大優點，投資者普遍認為索拉納幣可以取代以太幣，使索拉納幣的市值大幅提升，甚至一度成為全球市值第五名的數位貨幣）。[17]市值低於 10 億美元的數位貨幣乃小盤幣，此種數位貨幣皆為新創的產品，具有發展潛力，但交易上仍屬於高風險的投資。[18]

　　數位貨幣的市值愈大表示市場供給量與需求量愈多，投資的風險愈低，安全性較高，且交易時交易雙方更容易媒合，因此可吸引愈多的投資者交易，供給與需求皆會增加。

　　6.交易金額。從交易金額數據中可看出數位貨幣的流動性，交易金額愈大，資金的流動性愈高，表示此數位貨幣的供給量與需求量愈多，將可吸引

---

17 參閱劉祥航，〈以太坊殺手 Solana 創歷史新高，年初以來上漲 12,246%〉，https://news.cnyes.com/news/id/4760948。

18 參閱白話區塊鏈，〈加密貨幣的市值算法與參考價值〉，https://www.blocktempo.com/cryptocurrency-market-value/。

更多投資者進行此種數位貨幣的交易，促使供給及需求都增加。

　　7. **相關數據**。其他數據（例如，交易平均間隔時間、持有數位貨幣的集中度等）也可作爲礦工與投資者交易的指標。交易間隔時間較短、持幣集中度較低的數位貨幣風險較低，礦工與投資者更願意進行交易，供需皆會增加。

　　8. **代幣數量政策與獲利分配**。數位貨幣的代幣經濟在數量政策與獲利分配的基礎上運作。設計數位貨幣時，需針對數位貨幣的流通量訂定數量政策，每年應釋出的供給量以及應銷毀的代幣數量，由系統自動運算後執行，以解決數位貨幣數量過度膨脹或緊縮的問題。

　　綜合以上各項因素，代幣經濟主要是由供需、發行、政策、及代幣價值所組成，爲代幣經濟的四大支柱。2020 年，市場上出現一種新興的代幣經濟運作模式——投票代管代幣（vote escrowed token，VeToken），這是一種將代幣鎖定，如同定期存款，無法在協議期間進行交易的模式。當約定的期間愈長，未來可獲得愈多的代幣利息。在此種模式下，共識協議治理是透過持有的代幣比例投票，持有愈多代幣，可在協議變更時，擁有愈多的投票權。但若市場中出現代幣集中於某一群體時，可能出現此群體選擇對其他投資者不利的共識協議，以增加自己的利益。[19]

　　Böhme 等人（2015）認爲與比特幣一樣具有供應量限制的加密貨幣，若流通性高，但供給量停止增加，將會產生緊縮的問題。因此，有些發行者爲了避免緊縮的發生，發行沒有供給量限制的加密貨幣，並且以固定的頻率發放（增加）加密貨幣。根據 Rahman（2018）的研究，加密貨幣的每年供給增加率等於時間偏好率（rate of time preference），將是最適的加密貨幣供給增加。[20]

---

19 參閱深潮，〈代幣經濟學的四大支柱與 VeToken 模型〉，https://www.blocktempo.com/analyze-token-economics-four-pillars-and-ve-token/。

20 時間偏好乃人們對現在與未來的時間喜好程度。例如，將現在的 100 元與 1 年後的 100 元比較，人們將偏好前者。若現在的 100 元與 1 年後的 110 元對人們而言是無差異的，則時間偏

二、區塊鏈的不可能三角

　　區塊鏈中存在去中心化、安全性、及可擴展性（即高效能）三者不可能同時達成的特性，[21] 此三項特性只能同時滿足兩項，這種現象被稱爲不可能三角（impossible triangle）。[22] 區塊鏈這三項特性可以有以下三種組合（圖6-1）。[23]

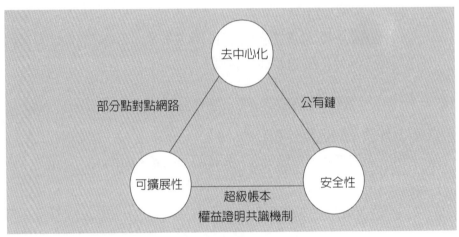

圖 6-1　區塊鏈的不可能三角

　　1.去中心化與安全性。這種同時滿足去中心化與安全性的乃公有鏈。公有鏈上的帳本沒有中心機構管理，且經加密程序加強安全性，但挖礦過程耗

好率爲 10%。當時間偏好愈強，表示人們更看重現在，因此傾向現在消費；若時間偏好愈弱，表示人們傾向未來消費。根據新古典利率決定理論，市場均衡利率是由個人心理主觀的時間偏好與市場客觀的資本邊際生產力共同決定的。

21 一般而言，可擴展性是指公司或軟體能夠提供更多服務。在區塊鏈領域中，可擴展性是指當系統新增新的技術時，系統的效能也能夠增加，而高效能是指處理資料的速度快。在區塊鏈的不可能三角中，普遍使用可擴展性一詞表達區塊鏈的交易速度增快，但實際上，應稱爲具有高效能。

22 此處的不可能三角與國際金融中不可能三角理論不同。國際金融中的不可能三角乃一國之貨幣政策，不可能同時滿足固定匯率、資金自由移動、及貨幣政策獨立性。

23 參閱 Samson，〈區塊鏈——不可能三角〉，https://www.samsonhoi.com/629/blockchain-impossible-triangle。

費能源，且處理交易的速度慢，缺乏可擴展性。

2. **安全性與可擴展性**。這種結合安全性與可擴展性的應用較多，聯盟鏈上的超級帳本、權益證明共識機制等皆屬於這類應用。[24] 由於系統由中心機構控管，因此處理交易的速度較快，但此類型的應用無法滿足去中心化的特性。

3. **去中心化與可擴展性**。這種結合去中心化與可擴展性的應用很少。在網路中缺乏安全性的技術通常不會被接受，但在少數使用點對點網路的交易中，可以允許安全性要求不高的資料傳輸，但實際上，這種情況很少發生。

由於區塊鏈技術的限制，仍沒有應用可以同時滿足去中心化、安全性、及可擴展性三者，但仍有開發者試圖研發出同時滿足這三項特性的應用，若開發成功，將擴大區塊鏈技術的應用，將區塊鏈技術運用在更多的領域上。

三、穩定幣與鑄幣稅代幣

經濟學家 Sams（2014）認為，民眾對穩定幣的需求是基於交易與投機兩大動機。在交易動機方面，民眾希望能夠使用加密貨幣作為支付工具，但是加密貨幣的價格波動劇烈，不適合用於日常交易，因此需要發行價格穩定的穩定幣進行支付。在投機動機方面，當穩定幣愈來愈普遍地被使用，投資者會對穩定幣產生信心，可能會將穩定幣作為套利的工具。為了避免穩定幣的價格波動過度劇烈，發行者可以發行鑄幣稅代幣（seigniorage coin），[25] 並希望投機者只能透過交易鑄幣稅代幣才能套利，以滿足這些投機者的投機需求。

假設每枚穩定幣是以 1 美元的價格所鑄造，且理論上穩定幣的價格會維持在 1 美元。通常鑄造 1 枚鑄幣稅代幣的成本為 1 枚與它對應之穩定幣的價

---

24 超級帳本乃跨越多個領域的區塊鏈應用，例如，將金融、物聯網、製造業等產業結合，開發聯盟區塊鏈，通過跨鏈技術可將聯盟內一家公司的客戶資料，分享給聯盟的其他成員。
25 所謂鑄幣稅代幣乃價格大於鑄造成本的代幣。

格，而交易量較大的穩定幣對應的鑄幣稅代幣交易量也較大，鑄幣稅代幣的價格會大於成本，發行者可以獲得鑄幣稅代幣價格與成本之間的差額作為利潤。

但是，2022 年 5 月月亮穩定幣崩盤的事件顯示了 Sams 提出的理論並不實際。月亮穩定幣是錨定泰拉幣（UST）的演算法穩定幣，發行的目的是提供投資者進行投資，而泰拉幣乃錨定美元的演算法穩定幣，因此可將泰拉幣視為穩定幣，月亮穩定幣則是鑄幣稅代幣。

2022 年 5 月，泰拉幣無法完全錨定美元，1 枚泰拉幣的價格低於 1 美元，且無法快速恢復至 1 美元，導致月亮穩定幣的價格下跌，使投資者對泰拉幣與月亮穩定幣失去信心，紛紛賣出此兩種穩定幣，使它們的價格更快速地下跌，最後導致此兩種穩定幣的價格都下降至 0 元。[26] 這顯示同時發行穩定幣與鑄幣稅代幣，存在鑄幣稅代幣的價格會完全受到錨定的穩定幣價格影響，當穩定幣出現問題時，鑄幣稅代幣的價格會同時下跌，且發行者難以透過改變鑄幣稅代幣供給量的方式使價格回升。[27] 實際上，大部分穩定幣的價格不會維持在 1 美元，因此，希望透過發行鑄幣稅代幣供投機之用來維持穩定幣的價格穩定的構想並不可行。

四、政府幣對經濟的影響

理論上，政府幣如同現金一般，具有相同的支付功能，兩者之間可以互相替代。當這種前所未有的政府幣發行後，它會對經濟產生怎樣的影響，這是社會大眾想要瞭解的問題。

Wu 與 Chen（2021）曾以動態隨機一般均衡（dynamic stochastic general

---

26 參閱 Vincy，〈UST 是什麼？UST 脫勾 & LUNA 暴跌 99.9% 崩盤始末〉，https://bitsuecredit.com/2022/05/26/%E3%80%90%E7%AE%97%E6%B3%95%E7%A9%A9%E5%AE%9A%E5%B9%A3%E3%80%91ust-%E6%98%AF%E4%BB%80%E9%BA%BC%EF%BC%9Fust%E8%84%AB%E5%8B%BE-luna%E6%9A%B4%E8%B7%8C-99-9-%E5%B4%A9%E7%9B%A4%E5%A7%8B%E6%9C%AB/。

27 參閱 ABMedia，〈DeFi 穩定幣的過去與未來：寫在 Terra UST 崩盤後〉，https://abmedia.io/20220601-the-past-and-future-of-defi-stable-coin。

equilibrium，DSGE）模型模擬分析政府幣對經濟的影響，結果發現當銀行存款與政府幣的替代彈性提高時，短期間政府幣的持有量會增加，銀行存款同比例減少，但長期間兩者均不變，表示政府幣的發行對銀行存款雖然短期間具有替代關係，但長期間卻沒有影響。

　　Barrdear 與 Kumhof（2016）也使用動態隨機一般均衡模型，並加入銀行存款是由放款創造的假設進行模擬分析，[28] 得到與 Wu 與 Chen（2021）的研究結果相似，且發行政府幣長期可以提高產出。當發行與 30% 之國內生產毛額（GDP）等值的政府幣時，銀行為了避免人們將存款轉換成政府幣，導致銀行在金融市場的地位下降，將調低放款利率以吸引人們貸款，但獲得的貸款（銀行的放款）不可以轉換成政府幣。貸款增加提供人們更多資金進行消費與投資，而使 GDP 增加近 3%。但是，若要有效地提高產出，需發行足夠的政府幣，多數民眾皆持有政府幣才能對產出具有影響力。

第四節　數位貨幣對社會大眾的影響

　　隨著數位貨幣逐漸興起，區塊鏈技術已開始影響社會大眾的生活，部分民眾開始將數位貨幣視為資產配置的一部分。區塊鏈技術上的交易紀錄透明，可以減少不當的金融交易（例如，洗錢或詐欺行為），提高國境內與跨境交易的安全性。[29] 區塊鏈技術交易的便利性與安全性，使數位金融愈來愈興盛，市場上也出現以傳統金融為基礎的創新金融服務。

一、加密貨幣自動櫃員機

　　除了透過加密貨幣交易平台買賣加密貨幣，民眾也可透過加密貨幣自動櫃員機進行交易。第一台加密貨幣自動櫃員機於 2013 年在加拿大設

---

28 銀行存款的來源有兩種，一是來自客戶的現金存款，一是來自銀行放款撥入借款者的帳戶中，成為借款者的存款。

29 參閱 Due，〈10 Ways Cryptocurrency Will Make The World A Better Place〉，https://www.nasdaq.com/articles/10-ways-cryptocurrency-will-make-the-world-a-better-place-2018-01-16。

立，[30] 乃專門提供比特幣交易的比特幣自動櫃員機（Bitcoin Automated Teller Machine，BTM）。2022 年 3 月，全球已有近 4 萬台加密貨幣自動櫃員機，可交易的幣種也逐漸增加中，除了比特幣外，以太幣、萊特幣等常見的加密貨幣都可以進行交易。[31]

　　加密貨幣自動櫃員機可直接使用現金或提款卡交易，經過驗證程序後，即可買賣加密貨幣，並將加密貨幣儲存於電子錢包中。[32] 雖然加密貨幣自動櫃員機的使用與傳統自動櫃員機相似，民眾操作較無障礙，不必再經由複雜的程序，就能完成如同使用電腦的交易，使交易更便利。但是，加密貨幣自動櫃員機並無客戶身分驗證機制，隱匿性高，且交易便利，容易產生洗錢的問題。[33] 英國金融行為監理局（Financial Conduct Authority，FCA）對加密貨幣自動櫃員機提出質疑，因其尚未獲得英國政府允許，若發生金融犯罪行為，政府將難以進行監管，故於 2022 年 3 月採行禁止設立加密貨幣自動櫃員機的政策。[34]

　　2022 年 4 月，台灣已設立 29 台加密貨幣自動櫃員機，除了可交易比特幣外，也可交易以太幣、狗狗幣、泰達幣等加密貨幣，但目前仍只能用以購買加密貨幣，無法用以販賣加密貨幣。[35] 央行認為這些加密貨幣自動櫃員機仍存在監管問題，可能成為犯罪集團的洗錢工具，並表示主管機關為金融監督管理委員會。金融監督管理委員會排查各家設立加密貨幣自動櫃員機的機

---

30 參閱 Caroline Moss，〈The First Bitcoin ATMs Are About To Start Popping Up Across Canada〉，https://www.businessinsider.com/first-bitcoin-atm-in-canada-2013-10。

31 參閱 CoinAtmRadar，https://coinatmradar.com/。

32 參閱 Kimberley，〈What are the benefits of cryptocurrency ATMs?〉，https://intercom.help/bity-help-center/en/articles/4556826-what-are-the-benefits-of-cryptocurrency-atms。

33 參閱趙正瑋，〈你知道 BTM 嗎？比特幣自動櫃員機台灣也有，交易方便卻暗藏風險〉，https://www.inside.com.tw/article/27070-bitcoin-cryptoasset-btm。

34 參閱 Marco Quiroz-Gutierrez，〈People should be prepared to lose all their money: Crypto ATMs are illegal and must shut down, says U.K.'s version of SEC〉，https://fortune.com/2022/03/11/crypto-atm-illegal-uk-financial-conduct-authority/。

35 參閱 CoinAtmRadar，〈Bitcoin ATMs in Taiwan〉，https://coinatmradar.com/country/208/bitcoin-atm-taiwan/。

構，唯有遵循《洗錢防制法》的機構才可繼續經營。[36]

二、政府幣對民眾的影響

　　政府幣在各國仍處於試驗階段，尚無國家實施全國使用政府幣的政策，故政府幣對民眾的影響普遍為市場預估。政府幣的發行可提供民眾另一種支付方式，由於政府幣即數位法幣，在手機普及的時代，民眾不必攜帶現金出門，只需要使用手機即可完成交易，提高交易便利性。

　　中國人民銀行未來將以數位通貨電子支付（Digital Currency Electronic Payment，DCEP）作為支付系統，使用方式與法幣相同，民眾不需額外綁定銀行帳號，也不限定可以支付的商家。此系統除了一般連線使用及單離線支付外，[37] 還可使用雙離線支付模式，消費者與商家即使皆為離線狀態，也可進行支付。雙離線支付使用近距離無線通訊系統（Near Field Communication，NFC），讓手機可以在近距離接觸下傳遞資訊。使用此系統不必連接網路，只需將兩支開啟近距離無線通訊系統的手機相互碰觸即可交易，交易紀錄會暫時儲存於系統中，一旦連接上網路，系統將自動驗證尚未驗證的交易紀錄，並在帳戶中自動扣款。此系統使數位人民幣能夠隨時隨地用於支付交易，但為了避免在交易尚未成功驗證時，發生雙重支付的情況，[38] 雙離線支付只能進行小額支付，降低雙離線支付的風險。[39]

　　數位新台幣的發行是否採用與中國相同的支付系統仍有疑慮，因使用此

---

36 參閱 Perry，〈比特幣自動櫃員機無法可管？看看央行怎麼說，業者需遵循哪些規定？〉，https://www.abmedia.io/20220322-taiwan-central-bank-btm-report。

37 單離線支付乃交易雙方間，其中一方未連線也可完成支付。部分電子錢包不需連接網路，交易時由店家掃描錢包產生的支付條碼，交易紀錄會立即由店家電腦進行驗證，進而完成交易。目前中國民眾普遍使用單離線支付或連線支付的方式，連線支付乃交易雙方連接網路，並相互掃描支付條碼進行交易。

38 由於交易需經過一段時間驗證，雙重支付乃在等待交易驗證時，用同一筆錢進行兩筆交易的情況。

39 參閱吳泓勳，〈離線也能交易，搶行動支付大餅〉，https://tw.stock.yahoo.com/news/%E9%9B%A2%E7%B7%9A%E4%B9%9F%E8%83%BD%E4%BA%A4%E6%98%93-%E6%90%B6%E8%A1%8C%E5%8B%95%E6%94%AF%E4%BB%98%E5%A4%A7%E9%A4%85-201000800.html。

系統後，所以交易資料皆儲存於中央銀行。雖然可以大幅減少不當的金融行
為，但經濟學家 Lawrence White 認為中國央行使用的系統使中國政府能完
全監控金融行為，存在侵犯民眾隱私性與金錢匿名性的問題。[40] 在台灣，民
眾相當重視隱私權，若數位新台幣的發行存在侵犯隱私疑慮，可能降低民眾
使用數位新台幣的意願，使政府幣的使用率難以提高。[41]

　　我國央行總裁楊金龍表示，數位新台幣的發行需秉持無害、共存、及創
新與效率三大原則。無害是指數位新台幣的發行不應對央行的貨幣政策有不
利的影響。共存表示數位新台幣不應取代其他支付工具，在數位新台幣發行
後，民眾仍然可以使用其他支付工具（例如，現金、塑膠貨幣、電子支付軟
體）進行交易。在創新與效率方面，數位新台幣的發行應能夠促進金融創
新，並提升民眾的交易效率。[42]

　　楊金龍認為數位新台幣仍需解決三項發行條件：社會大眾的支持、成熟
的技術、及良好的法律架構。首先，除了政府與金融機構的合作外，數位新
台幣的發展更需要民眾支持，共同改善數位新台幣的發行模式與架構。其
次，數位新台幣的技術仍需調整，系統的完整性與安全性還在評估及改善
中。最後，反洗錢與隱私保護相關規範的制定尚未完善，還需一段時間來制
定完善的相關法規才能正式發行。[43]

---

40 參閱賀軍，〈新時代政治利器？中共推數位人民幣恐用以監控全國金流〉，https://opinion.
　 udn.com/opinion/story/120972/4549560?from=udn-referralnews_ch1008artbottom。

41 參閱 Alex Chang，〈若台灣未來發行 CBDC，將會對零售支付產生哪些衝擊？〉，https://
　 medium.com/alexchanglife/%E8%8B%A5%E6%9C%AA%E4%BE%86%E5%8F%B0%E7%81%
　 A3%E7%99%BC%E8%A1%8C%E5%A4%AE%E8%A1%8C%E6%95%B8%E4%BD%8D%E8
　 %B2%A8%E5%B9%A3-%E5%B0%8D%E6%96%BC%E9%9B%B6%E5%94%AE%E6%94%A
　 F%E4%BB%98%E5%B0%87%E6%9C%83%E7%94%A2%E7%94%9F%E5%93%AA%E4%BA
　 %9B%E8%A1%9D%E6%93%8A-2e3615b9c47b。

42 參閱林昭儀，〈央行首度展示數位新台幣實驗成果，3 原則續推下階段進程〉，https://
　 www.digitimes.com.tw/iot/article.asp?cat=158&cat1=20&cat3=41&id=0000638837_
　 bhn7gwyv4a63rw6rey6ik。

43 參閱遠見，〈CBDC 是零售支付最後一哩路？楊金龍：央行發數位貨幣需有三個條件〉，
　 https://www.gvm.com.tw/article/83217。

第五節　結語

　　在金融市場中，有研究發現加密貨幣市場與股市存在替代關係，但也有研究得到加密貨幣市場與股市及匯市之間無相關性的結論，這些研究建議投資者可將加密貨幣作爲股票與外匯的對沖資產。但是，加密貨幣的價格波動劇烈，不適合作爲金融商品的避險工具，價格穩定的穩定幣可能更適合作爲避險工具。在數位貨幣對商業銀行影響的議題上，一般普遍認爲數位貨幣的發展會減少商業銀行作爲金融中介的功能，使商業銀行在金融市場中的地位降低。數位貨幣將使商業銀行成爲中央銀行與民眾之間的橋梁，而不再是提供眾多金融服務的機構。政府幣的發行存在導致銀行擠兌的疑慮，如何設計政府幣的發行模式，以避免銀行擠兌的發生，有待進一步的研究。

　　數位貨幣的發行是一種全新的金融技術，其對經濟的影響仍無法窺知全貌。政府幣對總體經濟的影響，決定於各國政府發展政府幣的方式與監管政策，一些研究發現，政府幣的發行雖然短期與銀行存款存在替代關係，但長期政府幣的發行並不會使銀行存款減少，且會使社會的產出增加。

　　數位貨幣的發展提供民眾一種新的交易支付方式，未來政府幣能夠如同法幣般進行支付。目前中國對於數位人民幣的發行已有完整的架構與支付系統，但存在侵犯民眾隱私的疑慮。我國央行認爲數位新台幣的發行應遵守無害、共存、以及創新與效率的原則，當技術成熟與法規完備時，才會正式發行數位新台幣。

第七章
數位貨幣的風險與監管

　　隨著數位貨幣在金融市場的重要性不斷的提升，它的發展也愈來愈受到社會大眾的關注。數位貨幣的發展普遍被認爲將影響未來的全球金融市場，而加密貨幣的價格波動過大且過於頻繁，將對金融市場乃至實質的經濟產生負面的衝擊。爲了維持經濟與金融的穩定，各國政府也紛紛研擬數位貨幣的監管措施，由於每個國家的數位貨幣發展程度與重要性不同，所研擬的監管措施也有所不同。雖然各國擬訂的數位貨幣監管措施有所差異，但實施監管的原因卻有相同的共識——降低數位貨幣的風險。

第一節　數位貨幣的風險

　　隨著數位貨幣的市場日益擴大，投入到數位貨幣的資金愈來愈多，若數位貨幣市場發生危機，投資者將會遭受鉅額的損失，甚至導致系統性的金融危機，因此對於數位貨幣的發展需建立完善的監管措施，以維護金融市場的穩定。一般而言，認爲有必要對數位貨幣的發展予以監管，不外乎基於數位貨幣市場存在泡沫化、資訊不安全、詐騙、洗錢、及穩定幣並不穩定等風險的原因。

一、泡沫化

　　在數位貨幣市場中，大部分的數位貨幣集中在鯨魚的手中。[1] 這些投資者對數位貨幣市場具有很大的影響力，他們的投資策略會影響到數位貨幣的價格。當他們大量買入數位貨幣時，數位貨幣的價格會大幅地迅速上漲；當他們大量賣出數位貨幣時，數位貨幣的價格會大幅地迅速下跌。

　　當鯨魚投資者持續買入數位貨幣，會加深其他投資者對數位貨幣的信心，進而將資金投入數位貨幣市場。雖然數位貨幣是否具有實質價值仍有爭議，但一窩蜂地競相買進數位貨幣，將使其價格遠大於它應有的價格或價值，進而產生泡沫。此時，若市場上出現對數位貨幣不利的消息，或是數位

1　鯨魚乃持有大量數位貨幣的投資者。

貨幣的熱度消退，鯨魚投資者開始賣出數位貨幣，產生羊群效應（herding effect），[2] 大家競相拋售數位貨幣，導致泡沫破滅，數位貨幣的價格會隨即大幅下跌。

例如，2021 年 12 月 4 日，比特幣在 1 小時內價格下跌將近 1 萬美元，[3] 其原因除了年底時投資者為了節慶而賣出比特幣換取現金外，最主要的原因乃 6 位鯨魚投資者賣出 5.9 千枚比特幣，雖然他們賣出比特幣的原因仍未知，但由此次事件可看出鯨魚投資者對數位貨幣的影響力。[4] 數位貨幣市場泡沫破滅，若導致大量投資者破產，將引發金融市場與經濟的動盪，衝擊社會的安定。

二、資訊安全

數位貨幣市場一旦發生網路攻擊，將造成鉅額的損失。例如，2021 年 8 月，加密貨幣交易平台 Poly Network 被駭客盜走超過價值 6 億美元的加密貨幣。區塊鏈公司 Coinfirm 的資訊長 Pawel Aleksander 表示，駭客通常會將盜取的大量加密貨幣分成多筆小量的加密貨幣進行交易，難以追尋被盜加密貨幣的流向，因此需要建立完善的監管制度，才更有可能找回遭竊的加密貨幣。[5]

除了加密貨幣會遭到駭客攻擊外，加密貨幣的避險工具——穩定幣也會遭受駭客攻擊。2022 年 5 月，駭客以 2.1 萬枚以太幣騙取使用 FEI protocol 演算法穩定幣協議的穩定幣。[6] 此駭客透過程式，在交易時先以加密貨幣（以

2　羊群效應是指投資者如同羊群般，當第一隻羊跳下懸崖，其他羊隻會跟隨第一隻羊並複製牠的行為；當鯨魚投資者賣出數位貨幣時，其他投資者也會跟隨這些投資者的交易行為。

3　參閱自由財經，〈加密貨幣大跳水，比特幣 1 小時暴跌近 1 萬美元〉，https://ec.ltn.com.tw/article/breakingnews/3757761。

4　參閱李可人，〈為什麼比特幣經常在年底大跌？〉，https://www.storm.mg/lifestyle/4087766?page=1。

5　參閱中央社，〈駭客大盜竊加密貨幣 168 億，歸還部分動機令人疑〉，https://www.cna.com.tw/news/aopl/202108120398.aspx。

6　FEI protocol 是去中心化的演算法穩定幣協議，投資者可使用以太幣作為抵押品換取 FEI 穩定幣，由於 FEI protocol 有許多知名機構（例如，Andreessen Horowitz 投資公司）的支持，具有足夠的資金儲備，因而受到許多投資者的青睞。

太幣）爲抵押品向系統借出穩定幣，利用交易需經過一段時間才能驗證成功的漏洞，使駭客能夠在交易正在進行驗證時，取回所有抵押品。[7]

　　駭客通常會隱匿行蹤，在匿名性高的加密貨幣與穩定幣市場中更難以找到駭客的行蹤，且各國仍沒有訂定針對數位貨幣資訊安全的監管措施，使數位貨幣遭竊的新聞頻傳，因此政府機關有必要針對數位貨幣的資訊安全予以有效監管。

三、詐騙

　　數位貨幣市場上的詐騙問題頻傳。常見的詐騙手段主要可分爲拉地毯（rug pull）、首次代幣發行（ICO）、非平台交易、虛假錢包、坑殺散戶、及虛假交易平台這六項。[8]

　　1. 拉地毯。拉地毯是指加密貨幣的發行者在收到投資者投入的資金後，放棄繼續發行。由於剛發行的加密貨幣的風險較大，高風險偏好的投資者傾向交易此種加密貨幣，但並沒有對這種加密貨幣的發行者進行研究。有些發行者會在發行之初，限制投資者賣出加密貨幣，並在獲取投資者的資金後，就不再繼續營運。

　　2. 首次代幣發行。發行者在尚未正式發行加密貨幣前，都會採取各種行銷手段，有些發行者會誇大加密貨幣的價值，以吸引更多投資者投入資金。當加密貨幣首次發行時，投資者相信此種加密貨幣的價值而購買，但這種加密貨幣的價值並不高，其開發程式存在許多漏洞，發行者以低的成本賺取高的報酬，而投資者則以高的價格買到低價值的加密貨幣。

　　3. 非平台交易。有些投資者爲了避免支付加密貨幣交易平台手續費，選擇直接和賣家以轉帳的方式購買加密貨幣，但私下轉帳會發生賣家收到款項後，並未將加密貨幣給予買家的問題。

7　參閱 James，〈FEI 攻擊駭客已洗出 2.1 萬顆以太幣！上月遭駭損失 8 千萬美元〉，https://www.blocktempo.com/update-on-fei-protocol-attacker-funds/。

8　參閱小君，〈如何防範加密貨幣詐騙？常見的詐騙手法有哪些？〉，https://www.inside.com.tw/article/27765-cryptocurrency。

　　4. **虛假錢包**。有些發行者在進行空投時，會要求投資者安裝虛假錢包才能領取空投。之後，當投資者以此錢包進行交易時，發行者會擅自將投資者錢包裡的資金轉入自己的錢包中。

　　5. **坑殺散戶**。有些加密貨幣的發行者會在募款初期，以很低的價格提供加密貨幣給少部分認識的投資者購買，隨後當散戶紛紛將資金投入，加密貨幣價格上漲至某一程度時，這些投資者會拋售手中持有的加密貨幣，使加密貨幣的價格在短時間降至 0 元，若沒有監管機關可以提供協助，散戶將遭受到鉅額損失。[9]

　　6. **虛假交易平台**。詐騙的交易平台在成立時，會以高報酬率吸引投資者，當獲取足夠資金後，會將交易平台關閉，投資者將投訴無門。[10]

四、洗錢

　　加密貨幣具有匿名性，在區塊鏈上只會記載以電子錢包的地址進行的交易，無法找尋到此錢包的擁有者，使加密貨幣被不良人士視為洗錢工具。根據加密貨幣分析公司 Chainalysis 的報告，2021 年加密貨幣的洗錢金額高達 86 億美元，這些資金皆轉入非法的電子錢包。[11]

　　由於一位投資者可擁有多個電子錢包，有些投資者會利用虛擬私人網路（virtual private network，VPN）改變電腦的網際網路協定（internet protocol，IP）位址。網際網路協定位址為電腦或手機連接上網路後產生的號碼，就如同住址一樣，由網際網路協定位址可得知使用者的位置。當使用虛擬私人網路後，系統將無法得知投資者的位置與身分，不良的投資者會藉由此技術創立多個電子錢包，將有問題的資金移轉至這些錢包，轉換成其他的加密貨幣或法幣後，再移轉至沒有問題的錢包。

9　參閱張庭瑜，〈識破 ICO 騙局，拒當韭菜教戰守則〉，https://www.bnext.com.tw/article/50799/how-to-avoid-ico-scam。

10　參閱陳炤良，〈虛擬貨幣網路投資詐騙手法有那些？〉，https://meet.bnext.com.tw/blog/view/62395。

11　參閱 Chainalysis，https://blog.chainalysis.com/reports/2022-crypto-crime-report-preview-cryptocurrency-money-laundering/。

　　雖然加密貨幣的洗錢犯罪猖獗，但目前少有政府提出針對加密貨幣洗錢交易防制的法案，只能依一般的《洗錢防制法》進行監管。但是，各國的《洗錢防制法》皆是針對中心化金融訂定，將其應用在去中心化金融上，效果有限，監管機關難以追尋到犯罪者，使加密貨幣的洗錢行為難以被抑制。因此，應針對加密貨幣去中心化的金融特性訂定洗錢防制專法。

五、穩定幣不穩定

　　有些投資者為了減少因加密貨幣的高風險造成的損失，會將部分資金以穩定幣的方式保有，但穩定幣的價格普遍並不穩定。例如，泰達幣發行時，泰達公司保證每一枚泰達幣的背後皆有 1 美元的儲備，但卻是以與 1 美元等值的資產（除了實體美元外，包括債券、商業票據、及黃金等資產）作為儲備金，若這些資產的價格波動，泰達幣的價格也會隨之波動，使穩定幣的價格無法維持在 1 美元。[12]

　　以加密貨幣作為儲備金的穩定幣價格波動更為劇烈，穩定幣的價格會隨著加密貨幣市場價格的波動而變動，而加密貨幣的價格波動劇烈，此類穩定幣的價格也就較不穩定。演算法穩定幣雖然並非利用錨定金融資產，而是使用演算法控制價格的波動性，但價格也不一定能夠長期維持穩定。例如，月亮穩定幣（Luna）於 2022 年 4 月 4 日達到最高價格 1 枚 116.4 美元，但從 5 月 4 日開始，價格持續下跌，至 5 月 13 日已趨近零元，主要原因乃月亮穩定幣錨定泰拉幣（UST），而泰拉幣乃錨定美元的穩定幣，當泰拉幣與美元無法完全錨定，1 枚泰拉幣的價格低於 1 美元，且無法快速恢復至 1 美元，月亮穩定幣的價格也就隨之下跌。[13]

---

12 參閱區塊客，〈再次被推上監管風口浪尖，穩定幣到底還穩不穩？〉，https://blockcast.it/2021/07/29/how-stable-are-stablecoins-risks-potential-regulations/。

13 參閱 Amy Liu，〈LUNA 暴跌 98%！穩定幣的固有弊端還是一場有預謀的圍獵？〉，https://nai500.com/zh-hant/blog/2022/05/luna%E6%9A%B4%E8%B7%8C98%EF%BC%81%E7%A9%A9%E5%AE%9A%E5%B9%A3%E7%9A%84%E5%9B%BA%E6%9C%89%E5%BC%8A%E7%AB%AF%E9%82%84%E6%98%AF%E4%B8%80%E5%A0%B4%E6%9C%89%E9%A0%90%E8%AC%80%E7%9A%84/。

投資者普遍將穩定幣作爲加密貨幣的避險工具，希望在加密貨幣市場價格變動過於劇烈時，能以穩定幣的方式持有資產。但穩定幣的價格並不穩定，若投資者爲了規避風險而將加密貨幣兌換成穩定幣，仍存在很大的風險，因此需要監管機關的介入，有利於穩定幣價格的穩定，避免投資者遭受鉅額虧損，以確保金融市場穩定。

第二節　國際組織與各國對加密貨幣與穩定幣監管的觀點與作法

基於前述數位貨幣存在的風險，各國政府已經紛紛著手擬訂數位貨幣的監管措施。雖然各國傳統的金融法規已相當完善，但無法完全適用數位貨幣的交易，需要改良現有法規與制定針對數位貨幣交易的新法規，才能有效的解決數位貨幣發展所產生的問題。此外，部分國家也開始針對加密貨幣的衍生性商品進行監管，避免其發展危害到金融市場的穩定。

一、國際機構

防制洗錢金融行動小組（Financial Action Task Force on Money Laundering，FATF）於 2020 年向二十大工業國組織（Group of Twenty，G20）提出的報告指出（FATF，2020），加密貨幣與穩定幣具有洗錢與資助恐怖活動的風險，[14] 應對提供加密貨幣交易的平台制定洗錢防制與打擊資恐的政策，並強調穩定幣應中心化管理，審查不正當的交易，以降低洗錢與資助恐怖活動的發生。

國際貨幣基金（International Monetary Fund，IMF）的 Cuervo 等人（2019）表示，加密貨幣的監管通常是由各國的中央銀行最先開始訂定政策，但與加密貨幣相關的衍生性商品與證券型代幣（securities token offering，STO），並非各國政府皆會採取監管措施，爲了全球金融的穩

---

14 資助恐怖活動簡稱作資恐，是提供犯罪組織資金的行爲。

定，國際性組織會率先制定相關規則。國際證券管理機構組織（International Organization of Securities Commissions，IOSCO）主席 Ashley Alder 指出，2023 年全球加密貨幣市場將出現一個監管各國加密貨幣市場的組織，並統一各國政府管理加密貨幣的規則。[15] 國際互換暨衍生性商品協會（International Swaps and Derivatives Association，ISDA）表示，將制定加密貨幣衍生性商品的監管標準，並將擬訂衍生性商品遭到駭客攻擊及分叉的監管原則。[16]

二、美國

2021 年，美國聯準會、聯邦存款保險公司（Federal Deposit Insurance Corporation，FDIC）、及通貨監理署（Office of the Comptroller of the Currency，OCC）共同宣布，[17] 在加密貨幣監管的相關政策制定之前，應先達成的三大目標：使用能普遍理解加密貨幣的術語、評估加密貨幣的風險、及評估原有的金融法規對加密貨幣的適用性。首先，由於不同的加密貨幣是由不同的工程師開發而成，工程師之間的術語不一定相同，且投資者經常會取暱稱，使同一個加密貨幣產品或技術卻存在多個名稱，為了提高監管效率，必須先統一各項加密貨幣相關術語的名稱。

第二，需先瞭解加密貨幣的交易存在的風險，包含交易的安全性、合規性等，才能有效地制定政策。合規性乃加密貨幣的相關機構採取措施，以提升自己達到合法的標準。例如，比特幣基地提供比特幣基地智能（coinbase intelligence）工具，即時地監控交易，並在市場風險擴大時，啟動自主風險

---

15 參閱林妤柔，〈幣圈慘遭血洗，IOSCO 主席：明年可能設立全球加密貨幣監管機構〉，https://finance.technews.tw/2022/05/13/global-crypto-regulation/。

16 參閱 Michael Lee，〈國際衍生品組織 ISDA 將制定加密市場通用標準〉，https://www.blocktempo.com/standards-setter-for-global-derivatives-industry-reflects-unique-quirks-of-crypto/。

17 參閱 Board of Governors of the Federal Reserve System, Federal Deposit Insurance Corporation, & Office of the Comptroller of the Currency，〈Joint Statement on Crypto-Asset Policy Sprint Initiative and Next Steps〉，https://www.federalreserve.gov/newsevents/pressreleases/files/bcreg20211123a1.pdf。

管理的服務，且同時篩選出有洗錢疑慮的交易，期待此項工具可以提升加密貨幣交易的合規性。[18] 最後，制定新法規需花費大量的時間與人力進行研究，以原有的法規進行修改可提高法規制定的效率，因此應研究現有的法規中，適合使用於加密貨幣交易的規定。

2021 年，美國國會也提出 35 項加密貨幣相關法案，主要可分為加密貨幣的監管機制、區塊鏈技術的應用、及認同政府幣的發展三大面向。在監管方面，《金融技術保護法案》（Financial Technology Protection Act）與《數位資產市場結構與投資者保護法案》（Digital Asset Market Structure and Investor Protection Act）乃針對加密貨幣犯罪而訂定，主要內容為政府為了調查加密貨幣技術而成立打擊金融犯罪的特別小組。另《商品交易法案》（Commodity Exchange Act）針對證券型代幣的發行進行監管。[19] 證券型代幣是將實體證券以加密貨幣的方式表示，目的是以加密貨幣的形式在區塊鏈上證明數位化金融商品的所有權。

美國證券交易委員會（Securities and Exchange Commission，SEC）主席 Gary Gensler 認為，加密貨幣與加密貨幣的衍生性商品皆應視為證券，因此需要接受證券交易委員會的監管。但是，部分加密貨幣交易平台正在規避監管，且交易量較大的穩定幣主要也是經由這些交易平台進行交易，使加密貨幣與穩定幣的金融犯罪頻繁地發生。因此，需將加密貨幣交易平台視為主要的監管對象，規定這些交易平台皆應符合洗錢防制與實名認證的規定，降低區塊鏈上的匿名性，以更有效率地進行監管。[20]

總統金融市場工作組（President's Working Group on Financial Markets，PWG）、美國聯邦存款保險公司（FDIC）、及通貨監理署（OCC）於 2021

18 參閱 Martin Young，〈Coinbase Launches Intelligence Services for Crypto Compliance〉，https://beincrypto.com/coinbase-launches-intelligence-services-crypto-compliance/。

19 參閱 Vincent Lai，〈總結 2021 年，美國國會共提出 35 項法案，針對加密貨幣與區塊鏈〉，https://www.blocktempo.com/congress-has-introduced-35-bills-for-crypto-related-policy/。

20 參閱 Natalia Wu，〈美國 SEC 主席重申加密貨幣是證券該受其監管，加碼抨擊加密交易所、穩定幣〉，https://www.blocktempo.com/sec-chief-reiterates-view-that-crypto-assets-are-securities/。

年共同發表《穩定幣報告》（*Report on Stablecoins*），[21] 內容主要是美國政府應確定穩定幣的監管目標，對穩定幣的發行者應加強監管，包含對穩定幣的借貸、價格的風險管理、資金的流動性、及發行者的資本要求。此外，這份報告也提出應監管電子錢包公司，這些公司必須向政府提供客戶的交易數據，以便監管機關進行審核。

美國通貨監理署代理署長 Michael Hsu 於 2022 年 4 月底表示，穩定幣無法達成互操作性（interoperability）——即各種穩定幣之間可相互兌換。在穩定幣市場中若要進行幣種兌換，則需有在同一加密貨幣交易平台進行交易的幣種才能相互兌換。但是，並非所有的穩定幣都可以在多數的加密貨幣交易平台上進行交易。事實上，可以在多數加密貨幣交易平台交易的穩定幣不多，只有泰達幣與美元穩定幣能同時在各個加密貨幣交易平台中進行交易。若投資者欲兌換其他穩定幣，需要先找到有在交易該穩定幣的加密貨幣交易平台才能兌換。

Hsu 認為在訂定穩定幣監管法規時，應將互操作性列為考慮因素之一，並提出穩定幣的發行者應共享技術，讓穩定幣之間能相互兌換。[22] 互操作性是指只需進行一筆交易就可以買賣穩定幣，不需進行多筆交易在各種穩定幣之間轉換。例如，投資者會在想要將較不知名的穩定幣 A 兌換成較不知名的穩定幣 B 時，發生其中一家加密貨幣交易平台沒有交易 B，但有交易 A；另一家加密貨幣交易平台沒有交易 A，但有交易 B 的情況。在此情況下，投資者需先在有交易 A 的加密貨幣交易平台將 A 轉換成多數交密貨幣交易平台都有交易的穩定幣 C（泰達幣或美元穩定幣），再到有交易 B 的加密貨幣交易平台將 C 兌換成 B。由於每一筆交易投資者皆需繳交手續費，穩定幣缺乏互操作性，導致投資者需支付不必要的支出。此外，穩定幣市場的價格波動頻繁，投資者可在兌換穩定幣的過程中套利。若提高穩定幣的互操作

---

21 參閱 PWG 等人，〈Report on Stablecoins〉，https://home.treasury.gov/system/files/136/StableCoinReport_Nov1_508.pdf。

22 參閱 Natalia Wu，〈美國 OCC 代理署長：穩定幣不是可互操作的，該制定共享標準〉，https://www.blocktempo.com/acting-occ-comptroller-calls-for-standards-on-stablecoins/。

性，將可以減少交易次數，降低投資者套利與虧損的風險，而有利於穩定幣市場的穩定。

　　2022 年 6 月，紐約州金融服務局（New York State Department of Financial Services，DFS）發布《虛擬通貨指引》（Virtual Currency Guidance），內容為紐約州政府認為穩定幣應可以贖回、有完全的儲備金且發行者應提供證明。[23] 2022 年 5 月，美國參議員 Cynthia Lummis 與 Kirsten Gillibrand 表示，將於 2022 年 6 月提出將加密貨幣市場的監管交由美國商品期貨交易委員會（Commodity Futures Trading Commission，CFTC）負責，並允許加密貨幣交易平台發行加密貨幣交易所交易基金（ETF）的法案。[24] 他們認為，在限制加密貨幣的交易時，也應考慮金融創新的發展，因此不應對加密貨幣的衍生性商品有過多的限制。[25]

　　在非同質化代幣（NFT）的監管政策上，若美國政府將非同質化代幣定義為證券，非同質化代幣將被納入《證券法案》（Securities Act）的監管對象，並且受到美國證券交易委員會的監管。美國政府尚未決定非同質化代幣的監管政策。美國證券交易委員會前官員 John Reed Stark 認為，非同質化代幣是否為證券的問題，應由美國證券交易委員會認定。雖然美國證券交易委員會目前還不是非同質化代幣的監管機關，但美國證券交易委員會仍會對某些存在問題的非同質化代幣進行調查。[26]

---

23 參閱 New York State Department of Financial Services，〈Virtual Currency Guidance〉，https://www.dfs.ny.gov/industry_guidance/industry_letters/il20220608_issuance_stablecoins。

24 市場上存在多種交易所交易基金，股票、期貨、以及債券都可以發行交易所交易基金，本文提到的交易所交易基金乃以加密貨幣發行的交易所交易基金。

25 參閱 Joe，〈美國兩黨參議員：加密貨幣監管草案將於六月推出！讓 CFTC 監管加密市場、加速批准比特幣 ETF〉，https://www.blocktempo.com/us-senator-draft-cryptocurrency-regulation-to-be-introduced-in-june/。

26 參閱 Vincent Lai，〈美 SEC 前官員：SEC 尚未有 NFT 歸類證券案例披露，但不代表沒在查〉，https://www.blocktempo.com/ex-us-sec-chief-said-some-nft-not-categorized-by-sec-will-investigate-some-nft-firsthand/。

三、中國

　　2021 年 7 月，中國人民銀行發布聲明，禁止加密貨幣交易平台的經營，並要求所有金融機構（包括各家銀行）皆不可進行加密貨幣的交易。[27] 2021 年 9 月 24 日，中國人民銀行宣布由於加密貨幣市場存在大量洗錢與詐騙等金融犯罪，為穩定金融市場，根據《中華人民共和國中國人民銀行法》的規定，禁止加密貨幣的所有交易，包含挖礦、證券化、及境外交易等皆屬於違法行為。[28]

　　2007 年諾貝爾經濟學獎得主 Eric Maskin 認為，加密貨幣的風險過大，投資者的投機行為造成加密貨幣的價格波動頻繁，幅度也過大，雖然波動性可以提供投資者套利的機會，但卻對金融市場造成不利的衝擊，也可能會影響到貨幣政策制定的效率。因此，各國政府應參考中國人民銀行的政策，限制加密貨幣的交易，若擔心會影響金融創新的發展，而難以制定禁止加密貨幣交易的規定，則應對加密貨幣採取更嚴格的監管措施。[29]

四、歐洲

　　歐盟委員會（European Commission）於 2020 年提出《加密資產市場框架》（Markets in Crypto Assets，MiCA），內容主要規定發行者應為實體機構且已發布白皮書的加密貨幣才可以進行交易，發行者需將資訊快速且透明地揭露，並持續擁有 350,000 歐元的資本。此外，加密貨幣交易平台應經由歐盟授權，且應向歐盟提供必要的資訊。

　　2022 年 3 月底，歐洲議會（European Parliament）二讀通過《資金轉移

---

27 參閱 Rosie Wu，〈中國重拳！挖礦不夠，還關掉軟體公司，央行：不得為虛擬貨幣交易公司提供任何服務〉，https://www.blocktempo.com/chinas-regulatory-crackdown-on-crypto-continues/。

28 參閱陳曉莉，〈中國央行：所有的加密貨幣交易都是違法的〉，https://www.ithome.com.tw/news/146904。

29 參閱 Joe，〈諾貝爾經濟獎得主：比特幣具不可忽視風險，各國應效仿中國禁止或認真監管〉，https://www.blocktempo.com/nobel-laureate-in-economics-cryptocurrencies-have-risks-that-cannot-be-ignored/。

法規》（Transfer of Funds Regulation，TFR），禁止加密貨幣的匿名交易，不論交易金額的大小，加密貨幣交易平台皆需驗證交易雙方的資訊，若交易超過 1,000 歐元，則需通知監管機關，以降低因大量的資金移轉使加密貨幣價格波動的頻率與幅度。[30]

2022 年 6 月底，歐洲議會三讀通過《加密資產市場框架》與《資金轉移法規》，並修改部分內容。歐洲議會取消交易金額超過 1,000 歐元就需要通知監管機關的限制，並規定加密貨幣交易平台需在監管機關有調查需求時，主動提交投資者的交易紀錄（不論投資者的交易金額多寡）。此外，歐洲議會規定中心化加密貨幣交易平台需記錄與去中心化加密貨幣交易平台之間交易的資訊。歐洲議會也對非同質化代幣與穩定幣進行監管，規定交易金額大的非同質化代幣交易平台需取得證照，並禁止穩定幣發行者發放利息。[31]

2022 年，英國女王在演講中指出，英國議會通過《經濟犯罪與公司透明法案》（Economic Crime and Corporate Transparency Bill），此項法案的內容為英國政府將修改現有對金融市場的監管政策，將加入針對加密貨幣安全性的政策，以保護消費者。此外，英國議會也通過《金融服務與市場法案》（Financial Services and Markets Bill），內容為英國政府將建立新的監管機關專門監管加密貨幣市場，以打擊加密貨幣市場中金融犯罪與駭客攻擊的行為。[32] 同年 7 月底，英國法律委員會（Law Commission）發布針對數位貨幣的法律改革提議，表示應針對數位貨幣訂定相關的個人財產法，並提出建立數據物件（data objects）的資產類別，將所有數位貨幣以及其他與網路

---

30 參閱薰，〈歐盟通過資金轉移條例：禁止匿名加密貨幣交易〉，https://blockcast.it/2022/04/01/eu-lawmakers-voted-in-favor-of-measures-to-outlaw-anonymous-crypto-transactions/。

31 參閱 Jim，〈歐盟兩大加密法案即將頒布，NFT 交易所需申請牌照、穩定幣不得發息〉，https://abmedia.io/20220628-mica-and-tfr-to-be-finalized-by-the-end-of-june。

32 參閱 Prime Minister's Office，〈THE QUEEN'S SPEECH 2022〉，https://assets.publishing.service.gov.uk/government/uploads/system/uploads/attachment_data/file/1074113/Lobby_Pack_10_May_2022.pdf。

數據相關的軟體與技術，都歸納於此類別當中。[33]

法國於 2019 年通過《企業成長與轉型法》（PACTE Law），內容主要可分爲四大項：[34]

1. **加密貨幣交易平台合法化**。經由監管機關認可的加密貨幣交易平台可在法國營運，合規的加密貨幣交易平台會被歸類爲數位資產服務供應商（digital asset service providers，DASP）。

2. **具有遵守洗錢防制與打擊資恐的義務**。合規的加密貨幣交易平台需遵守法國政府與歐盟所訂定洗錢防制與打擊資恐的相關規定。

3. **從事加密貨幣交易的每位參與者都需嚴格遵守監管機關制定的政策**。除了加密貨幣交易平台外，有法國投資者參與的加密貨幣交易平台（不論是否合規）都需符合監管機關的規定進行交易。此外，此法也規定加密貨幣的監管機關爲金融市場管理局（Financial Market Authority，FMA）。

4. **加密貨幣交易平台可以申請提供服務的合規證明**。除了所有加密貨幣交易平台都需遵守的強制性規定外，若加密貨幣交易平台需要提供某些服務，也可以向金融市場管理局申請，取得合規證明，以獲得交易者的信任。

2022 年 5 月，幣安取得法國金融市場管理局的核准，成爲首家可以在法國營運的加密貨幣交易平台。[35] 2022 年 2 月，法國總統候選人 Eric Zemmour 表示，法國應支持加密貨幣的發展，他認爲政府應減少對加密貨幣市場的限制、放寬監管政策，包括政府應降低加密貨幣的稅負，以及政府不應對非同質化代幣的轉移課徵增值稅。[36]

德國對加密貨幣的監管政策是歐盟最寬鬆的。2020 年 1 月，德國聯邦

---

33 參閱 Joe，〈英國法律委員會提議改革：將加密貨幣納入個人財產法規範〉，https://www.blocktempo.com/uk-law-commission-proposal-bringing-crypto-into-property-law/。

34 參閱 Sumsub，〈France Tightens Cryptocurrency Regulations as of June 2021. Here's Our Guide to Staying Compliant〉，https://sumsub.com/blog/crypto-france/。

35 參閱區塊客，〈歐盟第一國開綠燈！法國允許幣安提供數位資產服務〉，https://blockcast.it/2022/05/05/binance-is-now-a-registered-digital-asset-service-provider-in-france/。

36 參閱金色財經，〈法國總統候選人：我們必須支持加密貨幣生態系統〉，https://news.cnyes.com/news/id/4814437。

金融監理局（Federal Financial Supervisory Authority，BaFin）宣布加密貨幣
交易平台需取得合規證照且皆需遵守洗錢防制與打擊資恐的政策。[37] 2021 年
7 月，德國通過新的《基金定位法案》（Fund Location Act），允許德國境
內某些特殊的基金可以持有20%的加密貨幣，[38] 此法案大幅提升加密貨幣在
德國金融市場的地位。

五、日本

日本是第一個將加密貨幣納入監管的國家。2016 年，日本將加密貨幣
納入《資金結算法案》（Payment Services Act，PSA），允許民眾交易加密
貨幣。但加密貨幣交易平台需向日本金融廳完成登記，這些加密貨幣交易平
台應具有 1,000 萬日圓的資本，且應負擔資訊安全、資產管理、資訊揭露、
及接受政府監管的義務。[39] 日本又於 2018 年通過《資金結算修正法案》，
將加密貨幣視爲證券，並有保護消費者的規定，對金融犯罪的監管更加嚴
格。[40]

2020 年，日本再度通過《資金結算修正法案》與《金融工具暨交易修
正法案》（Financial Instruments and Exchange Amendment Act），其中 2020
年的《資金結算修正法案》在 2018 年《資金結算修正法案》的基礎上，加
入更多加密貨幣交易平台的監管措施。平台在管理用戶資金時，必須以冷錢
包儲存，若以熱錢包儲存則需持有相同幣種與數量的加密貨幣在交易平台
內，以避免如門頭溝交易平台的事件（因駭客偷竊比特幣，但交易平台內沒
有足夠的比特幣準備而無法支付投資者的損失，導致交易平台宣布倒閉）再

---

37 參閱 Qadir AK，〈Cryptocurrency Regulations in Germany〉，https://coinpedia.org/
cryptocurrency-regulation/cryptocurrency-regulations-in-germany/。
38 參閱 Dominik Tyrybon，〈Germany Introduces A New Law That Allows Funds To Invest Into
Crypto Assets〉，https://www.mondaq.com/germany/fin-tech/1069926/germany-introduces-a-
new-law-that-allows-funds-to-invest-into-crypto-assets。
39 參閱楊芝青，〈日本資金結算法：虛擬貨幣監管之參考方向〉，https://www.chinatimes.com/
newspapers/20180828000297-260202?chdtv。
40 參閱 Wade，〈日本加密法案重大變革，討論是否納金融商品法監管〉，https://blockcast.
it/2018/07/03/japanese-financial-services-agency-to-change-crypto-exchange-regulations/。

次發生。[41]《金融工具暨交易修正法案》針對加密貨幣衍生性商品納入監管，並規定加密貨幣與其衍生性商品的交易不得進行虛假買賣，[42] 且不得進行市場操縱。[43]

2022 年 6 月，日本通過《穩定幣法案》，規定在日本交易的穩定幣必須錨定日圓或其他國家的法幣，並且保證投資者可以按照穩定幣的發行價格全部贖回。此外，此法案規定只有日本政府認可的交易平台、銀行、及信託公司可以發行穩定幣。[44]

六、新加坡

2022 年 2 月，新加坡金融管理局（Monetary Authority of Singapore，MAS）提出《金融服務與市場法案》，內容包括要求加密貨幣交易平台遵守反洗錢與打擊資恐的規定、給予符合規定的交易平台執照、及加強網路技術的監管。[45] 此法案於 2022 年 4 月經過新加坡國會二讀通過，[46] 是新加坡發展加密貨幣的一大進展。

2022 年 4 月底，新加坡金融管理局表示，對加密貨幣與穩定幣的監管，取決於它們屬於證券或金融交易工具。證券型加密貨幣屬於證券，應納

---

41 參閱 Jason Ho，〈2020 日本加密貨幣法，支付服務法正式生效〉，https://blockbar.io/blockchain-breaknews/blockchian-trends/%E6%97%A5%E6%9C%AC%E5%8A%A0%E5%AF%86%E8%B2%A8%E5%B9%A3%E6%B3%95-japan-cryptocurrency-law/。

42 虛假買賣乃利用假的交易平台或錢包吸引投資者入金，但投資者無法取得加密貨幣。

43 參閱 Jason Ho，〈2020 日本加密貨幣法——金融工具法〉，https://blockbar.io/blockchain-breaknews/%E6%97%A5%E6%9C%AC%E5%8A%A0%E5%AF%86%E8%B2%A8%E5%B9%A3%E6%B3%95-japan-cryptocurrency-law2/。

44 參閱 Perry，〈日本通過穩定幣法案！需與法定貨幣掛鉤、保證贖回，且僅能由特定金融機構發行〉，https://abmedia.io/20220606-japan-stablecoin-bill。

45 參閱 Monetary Authority of Singapore，〈Explanatory Brief for Financial Services and Markets Bill 2022〉，https://www.mas.gov.sg/news/speeches/2022/explanatory-brief-for-financial-services-and-markets-bill-2022。

46 參閱 Eric Chan 與 Kwah Chee Hian，〈Singapore Parliament Passes The Financial Services And Markets Bill To Address Key Risks Through A Financial-Sector Wide Regulatory Approach〉，https://www.mondaq.com/financial-services/1183624/singapore-parliament-passes-the-financial-services-and-markets-bill-to-address-key-risks-through-a-financial-sector-wide-regulatory-approach。

入《證券暨期貨法案》（Securities and Futures Act，SFA）監管；其他的加密貨幣屬於金融交易工具，則應納入《支付服務法案》（Payment Services Act，PSA）監管。[47]《證券暨期貨法案》主要內容乃證券、期貨、及交易所的各項交易規則，《支付服務法案》主要訂定洗錢防制與打擊資恐等規範。

七、泰國

2019 年 8 月，泰國反洗錢局（Anti-Money Laundering Office，AMLO）表示，考慮將加密貨幣納入《反洗錢法案》（Anti-Money Laundering Act）進行監管。[48] 2022 年 3 月，泰國央行與泰國證券交易委員會共同發表聲明表示，加密貨幣不應作為交易支付工具，並於 4 月開始實施加密貨幣禁令，若民眾以加密貨幣進行支付，泰國證券交易委員會有權關閉帳戶。[49] 自從此禁令公布後，加密貨幣在泰國屬於證券，加密貨幣的監管機關為證券交易委員會。

泰國證券交易委員會是全球第一個實施非同質化代幣（NFT）監管政策的機關，規定自 2021 年 6 月開始，所有交易平台皆不可交易迷因幣、粉絲幣、部分交易平台發行的平台幣、及非同質化代幣。迷因幣與粉絲幣缺乏實際價值，它們都是因應網路聲量而發行的加密貨幣，這些加密貨幣的價格容易受到社交媒體的言論風向而波動，價格較其他加密貨幣更不穩定。禁止平台幣交易的原因乃平台幣的手續費低於其他加密貨幣，投資者會使用平台幣進行交易以減少手續費。泰國政府表示，若這些發行平台幣的交易平台遵循白皮書內容運行，降低加密貨幣交易的風險，則可以繼續發行平台幣。至於非同質化代幣方面，泰國政府並未說明禁止交易的原因，可能是對非同質化代幣的價值存疑，且非同質化代幣的詐騙行為頻傳，因而限制非同質化代幣

---

47 參閱 Monetary Authority of Singapore，〈MAS Approach to the Crypto Ecosystem〉，https://www.mas.gov.sg/news/speeches/2022/mas-approach-to-the-crypto-ecosystem。

48 參閱 Candy Her，〈泰國政府計劃將加密貨幣納入反洗錢法規監管〉，https://www.blocktempo.com/thailand-amlo-crypto/。

49 參閱陳律安，〈泰限制銀行投資加密幣〉，https://udn.com/news/story/6811/6189849。

的交易。[50]

　　2021 年 3 月，泰國央行對穩定幣的監管發表看法，他們認為穩定幣的發行目的是作為支付工具，它與泰銖存在替代關係，民眾使用穩定幣作為支付工具會降低使用泰銖的意願，進而影響泰銖的流通性，長期下可能影響民眾對泰銖的信心。因此，穩定幣的發行需事先取得泰國央行的授權。[51]

八、台灣

　　2021 年 6 月底，金管會發布《虛擬通貨平台及交易業務事業防制洗錢及打擊資恐辦法》，內容參考《洗錢防制法》規定。根據此辦法第 3 條規定，加密貨幣交易平台於客戶開立帳戶、交易金額超過 3 萬元新台幣、疑似進行洗錢或有資訊安全疑慮的交易、及對客戶資料的真實性無法確定時，皆應對客戶的個人資訊進行審核。依此辦法第 11 條第 1 項規定，若超過 50 萬元新台幣的交易，應在 5 日內向法務部調查局申報。此外，根據此辦法第 14 條規定，加密貨幣交易平台應長期對公司的營運狀況進行審查，例如，每 2 年製作風險評估報告與考量公司存在的風險因素，並採取措施降低風險。

　　2022 年 7 月底，金管會宣布由於信用卡乃消費的延遲支付工具，不應作為投資理財的支付工具，要求信用卡公司不得將加密貨幣交易平台納入特約商店之中、信用卡公司之特約商店的交易受款人不得為加密貨幣交易平台、以及將前兩項規定納入信用卡公司內部控制與稽核的項目中等三項規定。[52]

　　2021 年，中央銀行表示，以支付工具為目標的穩定幣，發行者應遵循《電子支付機構管理條例》。中央銀行也在研究其他監管政策，除了以支付

---

50 參閱 Horizon Next，〈首見政府 NFT 禁令！泰國證交所下令禁止 NFT、迷因幣、粉絲幣與平台幣〉，https://www.abmedia.io/20210613-thai-sec-banned-meme-tokens。

51 參閱 Bank of Thailand，〈Stablecoins Regulation Policy〉，https://www.bot.or.th/English/PressandSpeeches/Press/2021/Pages/n1664.aspx。

52 參閱楊筱筠，〈虛擬貨幣上沖下洗，金管會擬凍結信用卡作支付交易工具〉，https://money.udn.com/money/story/5613/6476972。

工具為目標的穩定幣外，具有證券性質的穩定幣也需進行監管。此外，中央銀行也會觀察國際間監管穩定幣的趨勢，再進行評估與調整，希望能夠在考慮到投資者的利益與金融市場穩定之下，訂定出最適的監管政策。[53]

對於非同質化代幣，我國仍未發布有關政策，也沒有負責的機關進行監管。金管會表示，對於非同質化代幣的監管，各國政府尚未有共識。有的國家支持，有的國家反對非同質化代幣的發展，因此在國際上難以制定統一的監管規則。[54] 在我國，民眾對非同質化代幣也有不同的看法。支持者認為非同質化代幣可以促進金融創新；反對者認為非同質化代幣只是一種被過度炒作的金融商品；中立者則認為非同質化代幣乃一種投資工具，入金的皆是喜愛風險的投資者，因此是否監管對未入金的民眾而言並無影響。因此，政府應先評估民眾對非同質化代幣的共識，決定負責的監管機關後，再制定相關的監管政策。[55]

九、加密貨幣交易平台

在各國相繼提出加密貨幣的監管政策時，部分知名加密貨幣交易平台也提出自己的觀點，其中最積極參與監管政策制定的加密貨幣交易平台為比特幣基地。2021 年 10 月，比特幣基地（Coinbase，2021）對加密貨幣的監管政策提出建言，主張對加密貨幣的監管應根據獨立監管、專屬的監管機關、保護投資者、及公平競爭等四大原則進行。

首先，比特幣基地建議加密貨幣應獨立監管。由於傳統金融體系與以區塊鏈為技術的加密貨幣市場體系不同，尤其是在傳統金融中，往往需要銀行作為中介機構，但在加密貨幣市場，不一定需要中介機構即可完成交易。因此，加密貨幣不一定適用傳統的金融監管制度。第二，基於上述原因，政府

---

53 參閱中央銀行，〈12 月 16 日央行理監事會後記者會參考資料〉，https://www.cbc.gov.tw/tw/cp-971-145027-cbac2-1.html。

54 參閱陳依旻，〈未納管加密幣、NFT，金管會：我們不是逃避〉，https://finance.ettoday.net/news/2227497?redirect=1。

55 參閱陳依旻等人，〈買 NFT 被割韭菜只能認了，金管會：太早監管可能扼制發展〉，https://finance.ettoday.net/news/2208812。

應設立獨立的加密貨幣監管機關，專門管理加密貨幣市場，以使監管更有效率，監管政策也能更一致，不會發生不同政府機關提出的監管政策無法同時並行的問題。

　　第三，監管機關應要求加密貨幣交易平台揭露必要資訊，減少資訊不對稱的問題，且應禁止一切詐欺與市場操縱的行為，以保護投資者的權益。最後，監管規則制定時，應考慮到加密貨幣的互操作性，各個產業應皆能夠使用加密貨幣或區塊鏈技術以提升交易效率，而加密貨幣與區塊鏈技術也應可以應用於各個產業，使各個產業皆能提升交易效率，達到公平競爭。

　　對於加密貨幣的監管，幣安加密貨幣交易平台認為應確保客戶以下的十大基本權利：[56]

　　1. 每個人皆可以進行加密貨幣交易；

　　2. 參與加密貨幣買賣的投資者，皆有義務配合監管機關的政策；

　　3. 加密貨幣交易平台應強制實施實名認證；

　　4. 監管機關與加密貨幣交易平台必須保護用戶資料不會外洩；

　　5. 所有交易加密貨幣的投資者，皆有權利使用安全的加密貨幣交易平台；

　　6. 加密貨幣市場具有穩定的流動性；

　　7. 監管與金融創新可以在安全的環境下同時進行；

　　8. 加密貨幣的資訊必須透明且即時地發布；

　　9. 加密貨幣衍生性商品更有監管的必要性；及

　　10. 加密貨幣市場必須適度地監管。

第三節　數位貨幣的租稅課徵

　　租稅課徵是與加密貨幣監管密切相關的議題，加密貨幣是一種金融資

---

56 參閱區塊客，〈呼籲建立全球監管框架！幣安提出加密用戶 10 大基本權利〉，https://blockcast.it/2021/11/17/binance-releases-10-fundamental-rights-for-crypto-users/。

產，其交易應如同其他的金融資產交易一般負擔租稅。加密貨幣交易的逃漏稅情形嚴重，許多國家訂有加密貨幣的課稅政策，但各國投資者與政府對加密貨幣交易的看法不盡相同，因此各國的加密貨幣課稅政策也有所不同。

一、逃漏稅問題

由於各國尚未訂定針對加密貨幣的監管政策，投資者可以藉由加密貨幣的匿名性與去中心化，逃避監管機關的監管，加上中介機構沒有記載客戶資料的資訊，致使逃漏稅的行為日益猖獗。在加密貨幣市場，主要的逃漏稅行為乃將加密貨幣分散至多個小錢包。若將大量的加密貨幣從錢包轉出或轉入錢包，監管機關能較容易地追查到加密貨幣的流向，能更快速地發現有問題的交易。不良的投資者會將大量的加密貨幣分割成多份小量的加密貨幣，在不同的時間從自己的錢包陸續轉出，並設立多個錢包儲存，最後在不同時間批次轉入目的錢包（Jafari 等人，2018）。

2021 年 6 月，美國拜登政府表示，將對加密貨幣的逃漏稅行為進行更嚴謹的監管。由於美國的報稅政策相較於其他國家寬鬆，再加上加密貨幣的高度隱匿性，有些美國富人將應繳稅的所得轉換成加密貨幣的形式持有，以逃避繳交所得稅。拜登政府估計，若不加強監管措施，未來 10 年將會因加密貨幣產生 7 兆美元的稅收缺口——即應收稅收與實際稅收的差距，[57] 故制定更嚴謹的監管規範，刻不容緩。

2022 年 4 月，全球租稅執行聯合首長（Joint Chiefs of Global Tax Enforcement，J5）發表聲明，[58] 表示五國將對加密貨幣逃漏稅的監管問題進行討論，強調將針對非同質化代幣的交易進行監管，並提出可供各國參考的監管架構。[59]

---

57 參閱 Greg Iacurci，〈Cryptocurrency poses a significant risk of tax evasion〉，https://www.cnbc.com/2021/05/31/cryptocurrency-poses-a-significant-risk-of-tax-evasion.html。

58 全球租稅執行聯合首長是由美國、加拿大、英國、澳洲、及荷蘭這五國組成的組織，因此普遍被稱作 J5。

59 參閱 J5，〈J5 Releases NFT Red Flags to Warn Public of Risks〉，https://www.irs.gov/pub/irs-utl/j5-media-release-4-28-2022.pdf。

二、各國的加密貨幣租稅政策

不同國家對加密貨幣的看法不同，對其租稅政策也寬嚴不一。已開發國家普遍對加密貨幣的租稅政策較為寬鬆，原因除了促進金融市場更加多元發展外，也希望在訂定完善的監管政策後，再完善租稅政策，因此雖然多數國家皆表示將對加密貨幣的交易予以課稅，但大部分國家仍未制定相關法案。開發中國家對加密貨幣的租稅政策分成兩派，一是訂定高稅率，試圖降低加密貨幣市場的規模；另一派則是實施寬鬆的租稅政策，鼓勵加密貨幣市場的發展，期待加密貨幣市場能帶動金融市場成長。

1.**美國**。經濟合作暨發展組織（Organisation for Economic Cooperation and Development，OECD）與美國財政部（United States Department of the Treasury）分別於《共同申報準則》（Common Reporting Standard，CRS）與《美國海外帳戶租稅遵循法案》（Foreign Account Tax Compliance Act，FATCA）中，提出將加密貨幣納入到應課稅的金融資產中，投資者應申報加密貨幣的名稱、買價與賣價、及市場價格，以提高加密貨幣交易資訊的透明性。[60] 此外，美國財政部於 2021 年 5 月發表的報告中指出，超過 1 萬美元的加密貨幣交易皆應向國稅局（Internal Revenue Service，IRS）申報，避免富人逃漏稅。[61]

2.**歐洲**。歐盟委員會表示，加密貨幣的發展導致逃漏稅者增加，影響到歐盟租稅透明化的目標，對加密貨幣課稅是必然的。但是，有鑒於目前缺乏實際案例可以分析對加密貨幣課稅之程度與方法的優劣，仍需進行研究與模擬才能開始實施。[62]

3.**日本**。在 2022 年的《日本加密貨幣租稅指引》中指出，根據《金融

---

60 參閱吳佳穎，〈加密貨幣要申報資產了！OECD、美國財政部同步擬遊戲規則〉，https://finance.ettoday.net/news/2220992。

61 參閱 U.S. Department of the Treasury，〈The American Families Plan Tax Compliance Agenda〉，https://home.treasury.gov/system/files/136/The-American-Families-Plan-Tax-Compliance-Agenda.pdf。

62 參閱 European Commission，〈Crypto-assets and e-money〉，https://joint-research-centre.ec.europa.eu/corporate-tax-policy/crypto-assets-and-e-money_en。

工具暨交易修正法案》與《資金結算修正法案》，年收入大於 2,000 萬日圓或非薪資收入超過 20 萬日圓的投資者，需申報加密貨幣的交易所得。依投資者每年交易加密貨幣的交易所得，訂定 15% 至 55% 的資本利得累進稅率。[63]

4.印度。印度政府對加密貨幣課徵的稅率較高，2022 年 4 月印度國會通過對投資者交易加密貨幣所獲得的收益課徵 30% 資本利得稅的法案，[64] 且加密貨幣的買方在支付賣方（加密貨幣交易平台）時，賣方需繳納 1% 的就源扣繳稅（tax deducted at source，TDS），[65] 這將不利於印度加密貨幣市場的發展。[66]

5.泰國。泰國政府對加密貨幣的租稅政策較為寬鬆，2022 年 1 月公布將對加密貨幣課徵 15% 的資本利得稅率，並表示支持加密貨幣相關業者的發展，鼓勵加密貨幣帶來的技術創新。[67]

6.台灣。我國財政部已有對加密貨幣課徵租稅的基本架構，預計依據不同的加密貨幣類型（非證券型與證券型）課徵不同的租稅。非證券型加密貨幣乃金融商品，根據《加值型及非加值型營業稅法》第 3 條第 2 項之規定，若企業以非證券型加密貨幣換取物品，屬於金融商品換取貨物的過程，應課徵營業稅。[68] 銷售非證券型加密貨幣的企業（例如，加密貨幣交易平台），非證券型加密貨幣屬於貨物，也應課徵營業稅。企業持有非證券型加密貨幣的所得，應課徵營利事業所得稅。個人持有的非證券型加密貨幣，應算入所

---

63 參閱 Koinly，〈Japan Crypto Tax Guide 2022〉，https://koinly.io/guides/crypto-tax-japan/。

64 資本利得稅乃對民眾交易資產（包括土地、房屋、證券等）獲得的利潤課徵所得稅。

65 就源扣繳稅乃在應課稅的事件發生當下，就先扣除部分金額繳稅。

66 參閱 Natalia Wu，〈印度通過嚴苛加密稅法！徵 30% 資本利得稅、1%TDS，WazirX CEO：進入痛苦時期〉，https://www.blocktempo.com/we-have-entered-a-period-of-pain-says-wazirx-ceo-of-indias-new-tax-laws/。

67 參閱 Lubomir Tassev，〈Crypto Investors in Thailand to Pay 15% Capital Gains Tax, Report Unveils〉，https://news.bitcoin.com/crypto-investors-in-thailand-to-pay-15-capital-gains-tax-report-unveils/。

68 參閱郭幸宜，〈加密貨幣掀投資熱潮，會計師：留意交易所得要稅〉，https://news.cnyes.com/news/id/4641814。

得稅的計算當中。

　　證券型加密貨幣屬於有價證券，公司持有證券型加密貨幣的所得應繳納營利事業所得稅，[69] 個人持有證券型加密貨幣不需繳交所得稅，而交易證券型加密貨幣的個人與公司都應課徵證券交易稅。2020 年 4 月 16 日，財政部發布解釋令函，內容表示根據《證券交易稅條例》第 1 條第 2 項之規定，發行 3,000 萬元以下的證券型加密貨幣者，需課徵 1‰ 的證券交易稅。

　　2021 年 11 月 1 日，金管會表示已經對全台交易量最大的 8 家加密貨幣交易平台開始課徵租稅。它們皆已申報 2020 與 2021 這兩年的交易額，總共課徵 608 萬元新台幣的營業稅。[70] 但至 2022 年 5 月，政府仍未發布相關的政策，在實務上課徵方式與稅率訂定的成效尚未有案例可供參考。

第四節　結語

　　由於數位貨幣市場存在持有大量數位貨幣的鯨魚，他（她）們的交易策略對數位貨幣價格的影響甚大，加上羊群效應，容易導致數位貨幣市場泡沫的興起與破滅。網路攻擊與詐騙在數位貨幣市場中對投資者的衝擊更為劇烈，一旦加密貨幣交易平台遭受攻擊，所有的投資者將遭受鉅額的損失。此外，洗錢行為會因為加密貨幣的匿名性而頻繁發生，作為加密貨幣避險工具之穩定幣的價格也並不穩定。因此，各國政府紛紛提出監管數位貨幣的架構與政策。

　　國際組織對加密貨幣的洗錢防制與打擊資恐已有基本的架構，並將對加密貨幣衍生性商品進行監管。美國的加密貨幣監管政策是各國制定政策的主要參考對象，美國政府認為應先統一數位貨幣市場中每個術語的說法。至 2022 年 5 月，美國政府已對洗錢問題、證券型代幣、及穩定幣提出監管架

---

69 參閱吳靜君，〈虛擬貨幣課稅涉及性質和主管機關認定屬性〉，https://ctee.com.tw/livenews/aj/chinatimes/20211030002296-260410。

70 參閱林昱均，〈虛擬貨幣業兩年繳稅 608 萬〉，https://www.chinatimes.com/newspapers/20211102000084-260202?chdtv。

構，但相關法規仍需再進行研究。

　　中國對加密貨幣的限制最為嚴格，在中國境內全面禁止加密貨幣與其衍生性商品的交易，但部分投資者仍會利用虛擬私人網路（VPN）躲避審查，進行加密貨幣的交易，如何針對這些投資者進行監管，中國政府仍沒有訂定相關政策。歐洲與日本的監管政策與美國相似，但歐洲與日本政府更加重視加密貨幣交易平台的資訊揭露。

　　新加坡政府針對加密貨幣與穩定幣的監管提出法案，除了反洗錢與打擊資恐，也納入了維護技術安全的規定。泰國政府為了金融穩定，禁止加密貨幣作為交易支付工具，且禁止非同質化代幣、迷因幣、及粉絲幣的交易。台灣對加密貨幣的監管主要根據《虛擬通貨平台及交易業務事業防制洗錢及打擊資恐辦法》，但對穩定幣與加密貨幣衍生性商品的監管尚未見相關法規與政策。

　　各國政府已開始對加密貨幣的交易課稅，但逃漏稅的情形嚴重。各國的稅率不盡相同，大致而言，已開發國家的加密貨幣租稅政策較為寬鬆，希望能夠利用加密貨幣促進金融創新。開發中國家則會因各國政府對加密貨幣的看法不同，而訂定不同的租稅政策，其中印度較為嚴格，泰國則較為寬鬆。我國則是預計依據加密貨幣為非證券型或證券型而課徵不同的租稅。

參考文獻 $

陳以禮、李芳齡譯（2016），《區塊鏈革命：比特幣技術如何影響貨幣、商業和世界運作》。台北：天下文化。

彭信威（2015），《中國貨幣史》，2 版。上海：上海人民出版社。

黃莞婷、李于珊、宋佩芬、顏崇安譯（2022），《NFT 大未來：理解非同質化貨幣的第一本書！概念、應用、交易與製作的全方位指南》。台北：高寶。

楊月蓀譯（1998），《金錢簡史：揭開人性與慾望交纏的神話》。台北：商周。

魯特（2018），《比特幣精粹》。台中：白象文化。

羅鈺珊（2017），〈分散式帳本與區塊鏈的應用現況與挑戰〉，《經濟前瞻》，173，頁 79-84。

龔鳴（2017），《寫給未來社會的新帳本——區塊鏈》。台北：大寫。

Agur, I., A. Ari, and G. Dell'Ariccia (2019), "Designing Central Bank Digital Currencies," working paper, International Monetary Fund, https://www.imf.org/en/Publications/WP/Issues/2019/11/18/Designing-Central-Bank-Digital-Currencies-48739.

Antonopoulos, A. M. (2017), *Mastering Bitcoin: Programming the Open Blockchain,* 2nd edition. Sebastopol: O'Reilly Media.

Ayllon, T. and N. Azrin (1968), *The Token Economy: A Motivational System for Therapy and Rehabilitation.* New York: Appleton-Century-Crofts.

Barrdear, J. and M. Kumhof (2016), "The Macroeconomics of Central Bank Issued Digital Currencies," working paper, Bank of England, https://www.bankofengland.co.uk/-/media/boe/files/working-paper/2016/the-macroeconomics-of-central-bank-issued-digital-currencies.pdf?la=en&hash=341B602838707E5D6FC26884588C912A721B1DC1.

Böhme, R., N. Christin, B. Edelman, and T. Moore (2015), "Bitcoin: Economics, Technology, and Governance," *Journal of Economic Perspectives*, 29:2, pp. 213-238.

Chiu, J., M. Davoodalhosseini, J. Jiang, and Y. Zhu (2022), "Bank Market Power and Central Bank Digital Currency: Theory and Quantitative Assessment," working paper, Bank of Canada, https://www.bankofcanada.ca/wp-content/uploads/2019/05/swp2019-20.pdf.

Chohan, U. W. (2021), "Non-Fungible Tokens: Blockchains, Scarcity, and Value," *Critical Blockchain Research Initiative Working Papers*, https://papers.ssrn.com/sol3/papers.cfm?abstract_id=3822743.

Coinbase (2021), "Digital Asset Policy Proposal,"https://assets.ctfassets.net/c5bd0wqjc7v0/7FhSemtQvq4P4yS7sJCKMj/a98939d651d7ee24a56a897e2d37ef30/coinbase-digital-asset-policy-proposal.pdf.

Corbet, S., A. Meegan, C. Larkin, B. Lucey, and L. Yarovaya (2018), "Exploring the Dynamic Relationships between Cryptocurrencies and Other Financial Assets," *Economics Letters*, 165, pp. 28-34.

Cuervo, C., A. Morozova, and N. Sugimoto (2019), *Regulation of Crypto Assets*. Washington, D. C.: International Monetary Fund.

Drożdż, S., L. Minati, P. Oświęcimka, M. Stanuszek, and M. Wątorek (2019), "Signatures of the Crypto-Currency Market Decoupling from the Forex," *Future Internet*, 11:7, pp. 135-152.

Dyson, B. and G. Hodgson (2016), "Why Central Banks Should Start Issuing Electronic Money," *Positive Money Report*, https://positivemoney.org/wp-content/uploads/2016/01/Digital_Cash_WebPrintReady_20160113.pdf.

Edwards, F. R. (1988), "Does Futures Trading Increase Stock Market Volatility?"*Financial Analysts Journal*, 44:1, pp. 63-69.

FATF (2020), "FATF Report to the G20 Finance Ministers and Central Bank

Governors on So-called Stablecoins,"https://www.fatf-gafi.org/media/fatf/documents/recommendations/Virtual-Assets-FATF-Report-G20-So-Called-Stablecoins.pdf.

Gerlach, J. C., G. Demos, and D. Sornette (2019), "Dissection of Bitcoin's Multiscale Bubble History from January 2012 to February 2018," *Royal Society Open Science*, 6:7, pp. 985-1012.

Hayes, A. S. (2019), "Bitcoin Price and Its Marginal Cost of Production: Support for a Fundamental Value," *Applied Economics Letters*, 26:7, pp. 554-560.

Jafari, S., T. Vo-Huu, B. Jabiyev, A. Mera, and R. M. Farkhani (2018), "Cryptocurrency: A Challenge to Legal System," master's thesis, Department of Cyber Security, Northeastern University, https://papers.ssrn.com/sol3/papers.cfm?abstract_id=3172489.

Kumhof, M. and C. Noone (2018), "Central Bank Digital Currencies—Design Principles and Balance Sheet Implications," working paper, Bank of England, https://www.bankofengland.co.uk/-/media/boe/files/working-paper/2018/central-bank-digital-currencies-design-principles-and-balance-sheet-implications.

Kurka, J. (2019), "Do Cryptocurrencies and Traditional Asset Classes Influence Each Other?" *Finance Research Letters*, 31, pp. 38-46.

Liang, J., L. Li, W. Chen, and D. Zeng (2019), "Towards an Understanding of Cryptocurrency: A Comparative Analysis of Cryptocurrency, Foreign Exchange, and Stock," paper presented at 2019 IEEE International Conference on Intelligence and Security Informatics, July 1-3, Shenzhen, China, https://ieeexplore.ieee.org/document/8823373.

Liu, J. and A. Serletis (2019), "Volatility in the Cryptocurrency Market," *Open Economies Review*, 30:4, pp. 779-811.

Malkiel, B. M. (2019), *A Random Walk Down Wall Street: The Time-Tested Strategy for Successful Investing.* New York: W. W. Norton.

Mazur, M. (2021), "Non-Fungible Tokens (NFT): The Analysis of Risk and Return," working paper, Department of Finance, ESSCA School of Management, https://papers.ssrn.com/sol3/papers.cfm?abstract_id=3953535.

Nagarajan, K. V. (2011), "The Code of Hammurabi: An Economic Interpretation," *International Journal of Business and Social Science*, 2:8, pp. 108 -116.

Nakamoto, S. (2008), "Bitcoin: A Peer-to-Peer Electronic Cash System," *Decentralized Business Review,* https://www.debr.io/article/21260-bitcoin-a-peer-to-peer-electronic-cash-system.

National Cyber Security Centre (2021), "Distributed Ledger Technology: The Nature and Applications of Distributed Ledger Technology," https://www.ncsc.gov.uk/whitepaper/distributed-ledger-technology.

Rahman, A. J. (2018), "Deflationary Policy under Digital and Fiat Currency Competition," *Research in Economics*, 72:2, pp.171-180.

Sami, M. and W. Abdallah (2020), "Cryptocurrency and Stock Markets: Complements or Substitutes? Evidence from Gulf Countries," *Applied Finance Letters*, 9, pp. 25-35.

Sami, M. and W. Abdallah (2022), "Does Cryptocurrency Hurt African Firms?" *Risks*, 10:53, pp. 1-17.

Sams, R. (2014), "A Note on Cryptocurrency Stabilisation: Seigniorage Shares," https://blog.bitmex.com/wp-content/uploads/2018/06/A-Note-on-Cryptocurrency-Stabilisation-Seigniorage-Shares.pdf.

Tiwari, A. K., I. D. Raheem, and S. H. Kang (2019), "Time-Varying Dynamic Conditional Correlation between Stock and Cryptocurrency Markets Using the Copula-ADCC-EGARCH Model," *Physica A: Statistical Mechanics and Its Applications*, 535, pp. 1-9.

Wang, H., X. Wang, S. Yin, and H. Ji (2021), "The Asymmetric Contagion Effect between Stock Market and Cryptocurrency Market," *Finance Research Letters*, 46, pp. 1-12.

Wu, T. and J. Chen (2021), "A Study of the Economic Impact of Central Bank Digital Currency under Global Competition," *China Economic Journal*, 14:1, pp. 78-101.

國家圖書館出版品預行編目（CIP）資料

數位貨幣：商機與挑戰／黃仁德，夏靖詠著.
－－初版.－－台北市：五南圖書出版股份
有限公司，2022.12
面；　公分
ISBN 978-626-343-560-5（平裝）

1.CST: 電子貨幣

563.146　　　　　　　　　111019355

1MAN

數位貨幣：商機與挑戰

作　　者 ─ 黃仁德、夏靖詠

發 行 人 ─ 楊榮川

總 經 理 ─ 楊士清

總 編 輯 ─ 楊秀麗

主　　編 ─ 侯家嵐

責任編輯 ─ 吳瑀芳

文字校對 ─ 許宸瑞

封面設計 ─ 王麗娟

出 版 者 ─ 五南圖書出版股份有限公司

地　　址：106台北市大安區和平東路二段339號4樓

電　　話：(02)2705-5066　　傳　　真：(02)2706-6100

網　　址：https://www.wunan.com.tw

電子郵件：wunan@wunan.com.tw

劃撥帳號：01068953

戶　　名：五南圖書出版股份有限公司

法律顧問：林勝安律師事務所　林勝安律師

出版日期：2022年12月初版一刷

定　　價：新臺幣320元

※版權所有‧欲利用本書內容，必須徵求本公司同意※

五南
WU-NAN

全新官方臉書

五南讀書趣

WUNAN
Books
since1966

Facebook 按讚

 1 秒變文青

 五南讀書趣 Wunan Books

★ 專業實用有趣
★ 搶先書籍開箱
★ 獨家優惠好康

不定期舉辦抽
贈書活動喔！！

經典永恆・名著常在

五十週年的獻禮——經典名著文庫

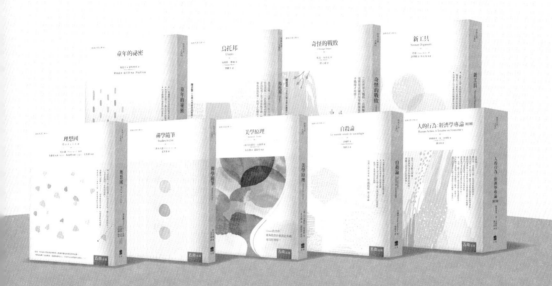

五南,五十年了,半個世紀,人生旅程的一大半,走過來了。

思索著,邁向百年的未來歷程,能為知識界、文化學術界作些什麼?

在速食文化的生態下,有什麼值得讓人雋永品味的?

歷代經典・當今名著,經過時間的洗禮,千錘百鍊,流傳至今,光芒耀人;

不僅使我們能領悟前人的智慧,同時也增深加廣我們思考的深度與視野。

我們決心投入巨資,有計畫的系統梳選,成立「經典名著文庫」,

希望收入古今中外思想性的、充滿睿智與獨見的經典、名著。

這是一項理想性的、永續性的巨大出版工程。

不在意讀者的眾寡,只考慮它的學術價值,力求完整展現先哲思想的軌跡;

為知識界開啟一片智慧之窗,營造一座百花綻放的世界文明公園,

任君遨遊、取菁吸蜜、嘉惠學子!